中国史话

近代精神文化系列

启蒙思潮史话

A Brief History of
Enlightenment Thoughts in China

彭平一 / 著

社会科学文献出版社
SOCIAL SCIENCES ACADEMIC PRESS (CHINA)

图书在版编目（CIP）数据

启蒙思潮史话/彭平一著.—北京：社会科学文献出版社，2011.11
（中国史话）
ISBN 978 - 7 - 5097 - 1954 - 1

Ⅰ.①启…　Ⅱ.①彭…　Ⅲ.①思想史 - 中国 - 近代　Ⅳ.①B25

中国版本图书馆 CIP 数据核字（2011）第 111744 号

"十二五"国家重点出版规划项目

中国史话·近代精神文化系列

启蒙思潮史话

著　　者/彭平一

出 版 人/谢寿光
出 版 者/社会科学文献出版社
地　　址/北京市西城区北三环中路甲 29 号院 3 号楼华龙大厦
邮政编码/100029

责任部门/人文科学图书事业部　（010）59367215
电子信箱/renwen@ ssap. cn
责任编辑/赵云田
责任校对/宋淑洁
责任印制/岳　阳
总 经 销/社会科学文献出版社发行部
　　　　　（010）59367081　59367089
读者服务/读者服务中心（010）59367028

印　　装/北京画中画印刷有限公司
开　　本/889mm×1194mm　1/32　印张/6
版　　次/2011 年 11 月第 1 版　字数/117 千字
印　　次/2011 年 11 月第 1 次印刷
书　　号/ISBN 978 - 7 - 5097 - 1954 - 1
定　　价/15. 00 元

总　序

　　中国是一个有着悠久文化历史的古老国度，从传说中的三皇五帝到中华人民共和国的建立，生活在这片土地上的人们从来都没有停止过探寻、创造的脚步。长沙马王堆出土的轻若烟雾、薄如蝉翼的素纱衣向世人昭示着古人在丝绸纺织、制作方面所达到的高度；敦煌莫高窟近五百个洞窟中的两千多尊彩塑雕像和大量的彩绘壁画又向世人显示了古人在雕塑和绘画方面所取得的成绩；还有青铜器、唐三彩、园林建筑、宫殿建筑，以及书法、诗歌、茶道、中医等物质与非物质文化遗产，它们无不向世人展示了中华五千年文化的灿烂与辉煌，展示了中国这一古老国度的魅力与绚烂。这是一份宝贵的遗产，值得我们每一位炎黄子孙珍视。

　　历史不会永远眷顾任何一个民族或一个国家，当世界进入近代之时，曾经一千多年雄踞世界发展高峰的古老中国，从巅峰跌落。1840 年鸦片战争的炮声打破了清帝国"天朝上国"的迷梦，从此中国沦为被列强宰割的羔羊。一个个不平等条约的签订，不仅使中国大量的白银外流，更使中国的领土一步步被列强侵占，国库亏空，民不聊生。东方古国曾经拥有的辉煌，也随着西方列强坚船利炮的轰击而烟消云散，中国一步步堕入了半殖民地的深渊。不甘屈服的中国人民也由此开始了救国救民、富国图强的抗争之路。从洋务运动到维新变法，从太平天国到辛亥革命，从五四运动到中国共产党领导的新民主主义革命，中国人民屡败屡战，终于认识到了"只有社会主义才能救中国，只有社会主义才能发展中国"这一道理。中国共产党领导中国人民推倒三座大山，建立了新中国，从此饱受屈辱与蹂躏的中国人民站起来了。古老的中国焕发出新的生机与活力，摆脱了任人宰割与欺侮的历史，屹立于世界民族之林。每一位中华儿女应当了解中华民族数千年的文明史，也应当牢记鸦片战争以来一百多年民族屈辱的历史。

当我们步入全球化大潮的 21 世纪，信息技术革命迅猛发展，地区之间的交流壁垒被互联网之类的新兴交流工具所打破，世界的多元性展示在世人面前。世界上任何一个区域都不可避免地存在着两种以上文化的交汇与碰撞，但不可否认的是，近些年来，随着市场经济的大潮，西方文化扑面而来，有些人唯西方为时尚，把民族的传统丢在一边。大批年轻人甚至比西方人还热衷于圣诞节、情人节与洋快餐，对我国各民族的重大节日以及中国历史的基本知识却茫然无知，这是中华民族实现复兴大业中的重大忧患。

中国之所以为中国，中华民族之所以历数千年而不分离，根基就在于五千年来一脉相传的中华文明。如果丢弃了千百年来一脉相承的文化，任凭外来文化随意浸染，很难设想13亿中国人到哪里去寻找民族向心力和凝聚力。在推进社会主义现代化、实现民族复兴的伟大事业中，大力弘扬优秀的中华民族文化和民族精神，弘扬中华文化的爱国主义传统和民族自尊意识，在建设中国特色社会主义的进程中，构建具有中国特色的文化价值体系，光大中华民族的优秀传统文化是一件任重而道远的事业。

当前，我国进入了经济体制深刻变革、社会结构深刻变动、利益格局深刻调整、思想观念深刻变化的新的历史时期。面对新的历史任务和来自各方的新挑战，全党和全国人民都需要学习和把握社会主义核心价值体系，进一步形成全社会共同的理想信念和道德规范，打牢全党全国各族人民团结奋斗的思想道德基础，形成全民族奋发向上的精神力量，这是我们建设社会主义和谐社会的思想保证。中国社会科学院作为国家社会科学研究的机构，有责任为此作出贡献。我们在编写出版《中华文明史话》与《百年中国史话》的基础上，组织院内外各研究领域的专家，融合近年来的最新研究，编辑出版大型历史知识系列丛书——《中国史话》，其目的就在于为广大人民群众尤其是青少年提供一套较为完整、准确地介绍中国历史和传统文化的普及类系列丛书，从而使生活在信息时代的人们尤其是青少年能够了解自己祖先的历史，在东西南北文化的交流中由知己到知彼，善于取人之长补己之短，在中国与世界各国愈来愈深的文化交融中，保持自己的本色与特色，将中华民族自强不息、厚德载物的精神永远发扬下去。

《中国史话》系列丛书首批计 200 种，每种 10 万字左右，主要从政治、经济、文化、军事、哲学、艺术、科技、饮食、服饰、交通、建筑等各个方面介绍了从古至今数千年来中华文明发展和变迁的历史。这些历史不仅展现了中华五千年文化的辉煌，展现了先民的智慧与创造精神，而且展现了中国人民的不屈与抗争精神。我们衷心地希望这套普及历史知识的丛书对广大人民群众进一步了解中华民族的优秀文化传统，增强民族自尊心和自豪感发挥应有的作用，鼓舞广大人民群众特别是新一代的劳动者和建设者在建设中国特色社会主义的道路上不断阔步前进，为我们祖国美好的未来贡献更大的力量。

陈奎元

2011 年 4 月

⊙彭平一

作者小传

　　彭平一，男，1953年生于湖南长沙，1982年毕业于湖南师范学院历史系，毕业后长期从事中国近现代思想文化史研究。现为中南大学马克思主义学院教授、博士生导师。主要学术著作有《冲破思想的牢笼——中国近代启蒙思潮》、《从新民、新人到人的全面发展——马克思主义"人的全面发展"理论的中国化进程》、《社会结构变迁与近代文化转型》（合著）、《湘城教育纪胜》等；在各类学术刊物上发表论文80余篇；主持省部级科研课题10余项。

目 录

引 言

    启蒙，是 17～19 世纪欧洲新兴资产阶级反对教会神权主义和封建专制主义的战斗口号。"启蒙"一词在英语中为 Enlightment，意即"进入光明"。在欧洲中世纪黑暗时代即将过去的时候，一大批启蒙思想家如英国的培根、霍布斯、洛克，德国的莱布尼兹、沃尔夫、莱辛，法国的伏尔泰、孟德斯鸠、卢梭等对中世纪教会为代表的宗教蒙昧主义和国王为代表的封建君主专制主义进行了强烈的批判，从而形成了以理性和科学、民主和法制为主要特征的启蒙思想。这种启蒙思想预示着中世纪的黑暗将被近代资本主义时代的光明所取代，成为新时代来临前的曙光。

    几乎与西欧启蒙思想产生同时，在中国封建社会进入末世的时候也产生了早期启蒙思想。17 世纪初期的明清之交，封建社会出现了严重的社会危机。资本主义生产方式的萌芽已经在封建生产关系的堤坝上打开了缺口，人民的反抗斗争正震撼着封建统治的大厦。这表明中国的封建社会虽尚未出现全面的崩溃，但其矛盾已经充分暴露，已经出现了能够"进行自我批判"

的特定条件。正是在这种历史条件下，产生了以李贽、方以智、黄宗羲、顾炎武、王夫之、戴震等为代表的早期启蒙思想家。

然而，中国早期启蒙思想远远没有西方启蒙思想那样幸运。清朝在全国的统治确立后，封建专制主义得到了空前的加强。为了自身统治的需要，清朝统治者采取了空前残酷的文化专制主义政策。宋明理学的权威在"御纂"、"钦定"的形式下得以恢复；中西文化交流也由于闭关政策而中断；随之而来的是启蒙思想的夭折。中国早期启蒙思想的"理性法庭"没有导致"理性王国"的建立，甚至它本身也被封建专制主义的文字狱"法庭"判处了死刑。

正当整个思想文化界乃至整个中国社会陷入了"万马齐喑"的困境中而不能自拔时，西方殖民主义又破门而入。伴随着民族危机的深化，中国思想界面临着前所未有的大变局。一些敏感的知识分子在"世变之亟"和"海警飙忽，军问沓至"的刺激下，开始把视野从科举场和故纸堆转向矛盾丛生、危机四伏的现实世界。他们一方面继承了 17 世纪中国早期启蒙思想家的思想材料，另一方面又接受了伴随着殖民者入侵而涌入中国的西学思想，从而逐步形成了带有明显资本主义性质的近代启蒙思想。

一　鸦片战争后近代
启蒙思潮的萌芽

鸦片战争后的半个世纪内，面临着"世变之亟"局面的思想界，呈现了复杂多变的情况。其间相继出现了道咸经世实学派的社会批判和社会改革思潮、洋务运动中学习西方科学技术的思想以及随之而来的追求科学的理性主义价值观和早期维新思想家的初步民主思想。这些思想尽管没有形成完整的理论体系，就其阶级实质而言，也未必都属于资产阶级思想的范畴，但是它们怀疑旧的传统，否定封建专制，揭露中世纪的愚昧，提出了一些反映中国社会近代化要求的片断理论和对未来的设想，从而开启了一代新的学风，并给后世以新的启示，成为近代启蒙思潮的萌芽。

道咸经世实学派对封建蒙昧主义的批判

梁启超在《清代学术概论》和《论中国学术思想变迁之大势》等著述中将晚清新思想的萌芽归功于龚

自珍、魏源。确实，龚自珍、林则徐、魏源等经世实学派的经世致用思想，特别是他们对中世纪封建蒙昧主义的批判，上承明清之交的早期启蒙思想，下启近代新学之风，对以后的洋务派、维新派甚至于资产阶级革命派的思想都产生了重大的影响。

龚自珍曾以"一事平生无齮龁，但开风气不为师"自任。这也是林则徐、魏源等一代经世实学派的共同抱负和心愿。他们为了"开风气"，对封建专制统治、封建蒙昧主义以及腐败的"士林风气"进行了激烈的批判。

对封建社会衰败现实揭露和抨击最为激烈的是龚自珍。他在对封建统治危机进行全面揭露的基础上，尤其对封建末世那种"万马齐喑"的现象感到愤慨和不满。他认为当时朝廷内外从上至下人才枯竭到了极点，不仅朝廷无"才相"、"才吏"、"才将"，学校无"才士"，甚至连农工商各行各业也无"才民"、"才工"、"才商"。即使出现了"才士"与"才民"，也遭到"百不才"即现实生活中不学无术而又掌握大权的层层官僚的束缚、压制和摧残。龚自珍认为，"百不才"扼杀人才，正是靠弥漫于朝野上下的腐败风气。这股腐败风气使人们思想僵化，因循守旧，整个社会处在寂然无声、灯烛无光的漫漫长夜之中，听不到不同意见，只听到一片梦呓和鼾声，甚至连最不能忍受寒冷的鹖也不啼叫了。在他的笔下，勾画出一幅多么可怕的黑暗、愚昧的中世纪图景。龚自珍将这一切归咎于封建君主专制制度。他认为，当朝的皇帝为了维护自己至高无上的权威，从不把臣下当人看待，甚至于仇恨"天下之士"。为了维护自己的权威，不惜"积百年之力，以震荡摧锄天下之廉耻"。天下之士的廉耻之心都给消灭了，驱除干净了。因而大臣们只知"朝见长跪，夕见长跪"，以诌媚阿谀来保住自己的荣华富贵，这是专制制度的必然结果。龚自珍的上述揭露一针见血地触及了这一问题的实质。

魏源也对清王朝的封建文化专制主义和蒙昧主义进行了揭露和抨击。他也指出了清王朝面临"人才不竟"的危机，认为满朝文武大臣、官僚士大夫都是"巇琐中材"、"窭陋之臣"、"腐儒鄙夫"。他们虽然满口心性义理，但对国计民生毫不关心。他认为造成这种"人才不竟"的主要原因是适应封建专制制度的人才培养、选拔和使用制度，特别是八股科举制度。他抨击八股科举制度是"无益之画饼"，是"无用之雕虫"，对"兵农礼乐工虞士师"毫无用处。

针对清王朝这种"万马齐喑"的黑暗现实，龚自珍、魏源等经世派人士大声疾呼要"不拘一格降人才"，要祛除"人心之寙患"和"人才之虚患"，也就是说要从思想上把人们从昏聩愚昧的状况中唤醒，要选拔有真才实学的人才。如何才能打破"万马齐喑"的专制和愚昧局面呢？龚自珍认为"九州生气恃风雷"，魏源也呼吁"何不借风雷，一壮天地颜"。他们所希望借重的"风雷"是什么呢？由于其阶级和历史的局限性，他们没有也不可能希望一场推翻清王朝的革命风暴的出现。他们希望的是清王朝能"更法"、

"变古"。从思想文化方面而言，他们希望广大知识分子从思想钳制和蒙昧主义的阴影中冲出来。龚自珍曾力主私人议政权。他说："夫有人心有胸肝；有胸肝则必有耳目；有耳目则必有上下百年之见闻；有见闻则必有考证同异之事；有考证同异之事，则或胸以为是，胸以为非，则必有所感慨激奋。感慨激奋而居上位，有其力，则所是者依，所非者去；感慨激奋而居于下位，无其力，则探吾之是非，而昌昌大言之。"这就是说：每个人都有根据自己的所闻所见、自己的考察判断来评论政治的权力和自由。他并没有主张"参政权"的平等。在他看来，"居上位者"和"居下位者"根据自己的所闻所见、考察分析所作的是非判断对政策制定和实行的影响是完全不同的。但他主张思想和言论自由权力的平等——即使是"居于下位者"无力按自己的是非判断来制定和实行政策，也应该将自己的是非判断公之于众，"昌昌大言之"。这无异于是一份思想和言论自由的宣言，对当时的封建文化专制和蒙昧主义无疑是一种大胆的否定。

同样，魏源也主张思想和言论的自由。他认为无论是天子还是庶民都是自然界"五行之秀气"凝聚而成，因而在本质上都是一样的。天子是"众人所积而成"，因此，天子应"自视为众人中之一人，斯视天下为天下之天下"。他把整个社会比喻成一个人的身体，天子只是社会的头脑，而百姓则是维系社会存亡的呼吸器官。因此，他强调天子要让庶民参与朝政，要允许百姓上书言事；而天子则应采取各种方式来倾听、接受百姓的意见。他把言论自由的程度作为判别社会政治是否清明稳定的标志。他认为如果在京城里人民也可以自由地发表自己的意见（即"言在都俞"），这是景运之世才有的大好事；而如果人民把话都憋在心里不敢讲出来（即"言在腹臆"），社会就会发生危险。也正是如此，他针对八股科举考试的空疏无用，提议"大开直言之科"，让士人和庶民有说话的机会和场合。

经世实学派对封建专制主义和蒙昧主义的批判还表现在他们提出的"众人自造"和"宥情"、"尊情"的观点上。龚自珍认为："天地，人所造，众人自造，非圣人所造……众人之宰，非道非极，自名曰我。"也就是说"众人"不是圣人创造的，而是自我造化的。因此，众人不要受什么"天道"、"太极"的主宰，而应该自己主宰自己。虽然他片面地夸大了"众人主宰"的作用，甚至把天地万物也看作众人造化的结果，不免陷入唯心主义，但他强调众人的作用，主张众人摆脱"圣人"、"天道"和"太极"的控制，却孕育着强调个人自由，主张人性自由发展的人文主义因素。龚自珍还进一步提出了"宥情"、"尊情"的主张。他认为人皆有情有欲，这是与生俱来的，即使"有意乎锄之"也不可能去掉，只有对这种情欲予以宽容和尊重，让人们的真实感情和欲望自由地表达出来；同时，也只有"各因其性情之近"，才能培养出各具个性的各方面人才。这无疑具有要求个性解放的意义。

魏源也认为人可以自己创造自己的命运。他指出，任何人都天然存在一种"本觉灵明"。这种"灵明"的本体来自于天，每个人都是相同的，因此，"人人可以为日，可以为月"。关键在于人们是否能"造化相通"，"自造自化"，也就是说要自己掌握自己，充分发表人的自我创造能力，就可以"造化自我"。他还认为"天地之性人为贵"，人是天地间最可宝贵的。而人有各种自然欲望如食、色诸性，这是不能强制压抑的，只能顺其自然。这些观点都具有鲜明的反封建的人文主义色彩。

龚自珍、魏源等经世派人物都反对汉学的脱离实际和宋学的空疏无用。他们主张面对现实，研究有关国计民生的实际问题，"以实事程实功，以实功程实事"。正因为如此，他们摆脱了汉宋相互责难的争论，从书斋走向现实，对一系列有关国计民生的经济、财政、水利工程等问题进行了调查研究，并提出了许多不失为真知灼见的改革建议。这些建议中往往还包含着许多科学的成分，如包世臣在《筹河四略》中提出了御坝、浚淤并举的治河方法；魏源关于黄河将从黄海入海改为渤海入海的预测；李祖陶在《东南水患论》中关于盲目围湖造田，造成长江连年水患的分析都是经得起实践和时间检验的真知灼见。从这些真知灼见中，我们可以隐约地看到经世派思想中的理性主义因素。

然而，更能体现经世派思想中理性主义因素的是他们面对西方殖民主义入侵和西方文化的传入而形成的对中国和世界关系的新的认识，以及在此基础上形成的"向西方学习"的思想。

首先把眼光投向外部世界的经世派人物是林则徐。他于1840年前后在广州主持禁烟时就网罗人才，收集、翻译了大量外文书报，编成了《四洲志》、《华事夷言》等书。魏源又在《四洲志》的基础上，编撰了《海国图志》一书。此外，姚莹的《英吉利国志》、《英吉利纪略》，梁廷楠的《海国四说》丛书，徐继畬的《瀛环志略》等也在此前后相继问世。这些经世派人士不约而同编撰域外史地著作，除了激于"欲制夷患，必筹夷情"的动机外，从文化上来说则反映了一种"寻求异域之书，究其情事"的心态，显示了一部分先进的中国人希望冲破思想文化的封闭状态，走向世界的历史趋向。这本身就具有文化上的启蒙意义。

上述著作的作者在关于中国与世界关系的问题上都不同程度地改变了"天朝上国"和"夷狄小国"、"严夷夏之防"的传统观念，而开始流露出一种新的"中国和世界"的意识。在这一点上，魏源的思想表现得最为突出。

魏源在鸦片战争正在进行的过程中写了《圣武记》一书，鸦片战争后，他又写了《海国图志》一书。在《圣武记》中，他对大多数士大夫"徒知侈张中华，未睹寰瀛之大"的传统观念进行了尖锐的批评。他反对将外国人都称之为夷狄，认为区别是否是夷狄，不能以是本国人还是外国人为标准，而应以是否有教化为标准。他认为很多西方国家的人都有高度的文化教养，这些人是"瀛寰之奇士，域外之良友"。这种观点当然不能说是完全正确的，然而这表明了：魏源已经认识到在中华文明之外，还有许多平等的文明之邦。在《海国图志》中绘有地图 78 幅，其地图的排列顺序先是地球正背面的总图，然后是各洲总图，再是各国分图。这种层次分明的编排说明魏源已完全突破了封建士大夫那种认为"中国是天下中心"的陈腐观念，而代之以近代意义上的世界意识。再从他对各国地理、历史、政治、经济各方面情况的介绍来看，也是试图帮助人们打破旧的世界意识，树立新的世界意识。他在分析英国侵略中国的必然性时，认为英国在世界范围内进行侵略，只要是有土地有人口的地方，它都要侵占以得到经济上的利益。因此，英国侵华是它"急急于寻新地"的世界殖民政策的必然结果。他还把英国将孟加拉、印度占为殖民地作为中国的前车之鉴。这样，把中英战争放在世界形势的大背景下进行考察，不仅突出了中国所面临的侵略的严重性，而且也抛弃了在中国和世界各国关系上的那种一方"羁縻"、"安抚"，一方"朝贡"、"依附"的陈腐观念，向国人展示了一幅在西方资本主义殖民扩张面前中国被动挨打的危险景象。更为可贵的是，魏源还一反"中国为天下夷狄效法"的传统观念，理性地指出中国有很多方面不如英国，从而提出了"师夷长技以制夷"的命题。尽管他只是明确指出中国要学习英国在战舰、火器、养兵练兵之法这三个方面的长处，但从他对欧美资本主义各国各方面情况的介绍中我们可以看出，他还意识到中国与欧美资本主义国家在其他方面的诸多差距。

如他肯定了英国"兵贾相资"的富国强兵之路，主张中国应该效法，整顿武备，发展对外贸易；他对资本主义国家的民主政体表示仰慕和向往，认为"其章程可重奕世而无弊"；甚至他还比较了中英两国人民在文化心态上的差异。他认为英国在中国的邻国"建英华书院，延华人为师，教汉文汉语，刊中国经史子集、图书地志，更无语言文字之隔"是一种虚心学习其他民族长处的文化观，进而比较中国，他为"中国反无一人瞭彼情伪，无一事师彼长技"而感到担忧。

出于上述认识，魏源极力主张中国应该向西方学习，打破旧的封闭的心理，"扩万古之心胸"，最终使中国"风气日开，智慧日出，方见东海之民犹西海之民"。这反映了他希望中国走向世界，并能自立于世界民族之林的愿望；也集中体现了鸦片战争后，先进的中国人睁眼看世界的理性主义态度。这种理性主义的态度无疑包含着对传统文化心理的怀疑和"重新估定一切价值"的精神，对开启一代新风，促进近代启蒙思潮的萌芽、产生是不无意义的。

✐ 洋务运动中自然科学的传播

面对鸦片战争后中国"数千年未有之大变局"，以及清王朝统治危机的深化，清统治集团内一部分开明官僚继承了林则徐、魏源等经世派的"师夷"思想，从19世纪60年代起开始引进西方近代生产技术、军事装备和自然科学知识，建立了中国第一批近代军事工厂和民用企业，训练了一支近代海军，并举办了一些近代教育事业，从而兴起了被称为"洋务运动"的中国近代史上第一次近代化运动。这场近代化运动以维护清王朝封建统治为目的，以经济和军事近代化为中心，又是以"中学为体，西学为用"为指导思想，因此，它没有也不可能形成一场以资产阶级新思想新文化反对封建专制主义旧思想旧文化的思想启蒙运动。然而，它毕竟是一场向西方学习的近代化运动，在引进西方先进生产技术、军事装备和自然科学的同时，它不可能不对传统的封建思想意识形成某种程度上的冲击；在经济和军事近代化的过程中，也势必导致人们包括洋务派代表人物自身在价值观方面某些趋向于理性主义的变化。这些对封建思想文化的冲击和初具理性主义色彩价值观的产生，无疑对今后启蒙思潮的兴起产生一定的影响。

为了学习西方的科学技术，洋务派代表人物对泥古守旧、墨守成法的顽固保守思想进行了批判。他们指出：中国的士大夫在封建思想文化的熏陶下往往拘于成见，高谈气节，认为"仅以忠信为甲胄，礼义为干橹"，就可以抵挡外敌侵略，这是不可相信的。他们对封建专制统治下的人才危机也多有揭露，甚至对科举制度也进行了一些批判。他们认为清朝士大夫面临"至变之局"仍然"日日习常蹈故，事事牵义拘文"，就好像是在救人于水火时仍"雅步从容"。左宗棠更明确指出：清政府"时事日坏，都由人才不佳"，而人才不佳的根本原因在于科举制度。他认为"八股愈做得入格，人才愈见庸下"。因此，他呼吁："我国家自强之道，莫要于捐文法，用贤才。"他还比较了中国和西方国家在价值观方面的差异，认为"中国以义理为本，艺事为末，外国以艺事为重，义理为轻"。虽然他没有完全抛弃"义理之本"，然而他对那种认为西方国家"执艺事者舍其精"，而中国"讲义理者必遗其粗"的成见大不以为然。他认为"中国之睿知运于虚，外国之聪明寄于实"。这种观点并非左宗棠一人的认识，在曾国藩、李鸿章等人的思想上也有不同程度的反映。这不能不说是洋务派代表人物对中国重义理轻科技、避实就虚的传统价值观的一种"重新估定"，在当时的历史条件下，也具有"开风气"的作用。

洋务运动对近代启蒙思潮兴起所做的最大贡献还在于它促进了西方近代自然科学知识在中国的传播。洋务派代表人物在推动经济和军事近代化的过程中已经比较深切地认识到自然科学对于近代化事业的重要性。奕䜣在奏请设立天文算学馆时曾指出，光是学习西方人制造机器、武器的方法只是"习学皮毛"，而要"从根本上用着实功夫"，就必须学习西方人的天文学、数学等近代自然科学知识。基于这种认识，洋务派大力举办新式学堂，以近代自然科学作为教学内容；他们向国外派遣留学生，以培养掌握西方科学技术的人才；他们还罗致了一批科技人员，翻译出版了一批西方自然科学著作，向国人介绍西方近代科学技术知识，从而形成了中国近代自然科学传播的第一次高潮。

洋务运动中积极介绍和传播西方自然科学知识的

近代科学家有李善兰、徐寿、华蘅芳、徐建寅等。他们早年就受到经世致用思想的影响，认为八股科举"无裨实用"，因而不屑于科举入仕而"专研格物致知之学"，走上了自然科学研究的道路。在国门初开、西学东渐的形势下，他们没有像封建士大夫那样哀叹中国传统思想文化的衰落式微，而是为中国在科学技术方面不如西方各国感到忧虑。他们大都亲身参与洋务派所进行的各项洋务活动，如仿造新式机器、从事洋务教育等。在进一步接触了西方近代科学技术后，他们大都形成了初步的"科学救国"思想。李善兰在他翻译的西方科学著作的序言中提到，欧洲各国强盛的根本原因在于他们科学技术的发达，尤其是数学的普及。因此，他主张在中国要广泛地普及近代数学，才能使中国"制器日精"，进而"日益强盛"，威震海外。华蘅芳则认为地质学"往往与强国富兵之事大有相关"，只有普及地质学知识才能充分发掘和利用中国的矿产资源，从而使中国富强起来。徐寿也认为只有将"西方格致之学广行于中华，令中土之人不无裨益"，才能使中国"艺学振兴，储备人才，施诸实用"，进而成为富强的国家。这种"科学救国"的思想在当时的历史条件下当然不可能为中国人民指出一条真正能挽救民族危机的富强之路，也不可能为当道者所真正接受和采纳。然而这种思想却闪烁着重视科学、反对封建蒙昧主义的理性主义的光辉，同时也是他们致力于介绍、传播西方近代自然科学知识的思想基础。

这些近代科学家认为学习西方先进技艺不仅仅是

要掌握一些具体的方法，更重要的在于要探求其所以然，也就是说要"发千古未有之奇秘"。而"翻译泰西有用之书"，正是"探索根柢"的重要途径。因此，他们把翻译西方自然科学著作当成传播近代科学技术的主要手段。通过他们与一些外国人的配合，大量西方近代科技著作翻译出版。据不完全统计，到19世纪80年代，由江南制造局翻译馆、北京同文馆出版的西方科技译著达百余种之多。这些科技译著及其所包括的近代自然科学知识，许多在中国近代科学技术史上具有开创性或启发性的作用。

李善兰的译著主要在数学、力学、天文学和植物学方面。他本人是中国近代著名的数学家。早在19世纪40年代，西方近代微积分尚未传入中国，他就独立完成了《方圆阐幽》、《弧矢启秘》和《对数探源》等微积分专著。其研究成果已接近西方先进的微积分学，被数学史学家称为"具有启蒙意义"（钱宝琮《中国数学史》第319页）。从19世纪50年代开始，他先后与英国人伟烈亚力、艾约瑟等合作翻译了《几何原本》、《重学》、《植物学》、《代数学》、《代微积拾级》、《谈天》等西方自然科学著作。在这些著作中，他第一次传入中国的近代科学知识有近代数学中的解析几何、微积分、符号代数学、近代物理学的力学、光学、电学、声学，以及建立在牛顿经典力学基础上的近代天文学等方面的知识。在数学方面，他首创使用的数学名词和术语如"代数"、"微分"、"积分"以及他直接引进的西方的数学符号，例如 ×、÷、=、

（）、<、>等都一直沿用至今。物理学中的牛顿力学三大定律也是由他第一次介绍到中国。植物学中的植物分类单位"科"（Family）以及"须"（Stamen）、"心"（Pistil）等术语也是由他创译的。

徐寿是中国近代著名的化学家和机械工程专家。他在翻译西方科技著作方面主要侧重于化学和汽机方面。他先后与英国人伟烈亚力、傅兰雅等合作翻译了《汽机发轫》、《汽机问答》、《化学鉴原》、《化学考质》、《化学求数》等著作。尤其是《化学鉴原》一书第一次将近代化学知识较系统地介绍到中国，影响颇深。在化学元素名称的释名方面，他创造性地提出了以谐音为主、会意次之的原则，即按西文名称第一音节找一个音近的汉字再配以能表示该元素突出性质的偏旁造出一个新字来表示。如他创造了"钠"（natrium）、"钙"（calcium）、"镍"（nickel）、"锌"（zinc）、"锰"（manganese）、"钴"（cobalt）、"镁"（magnesium）等字来表示固体金属元素；创造了"硼"（boron）等字来表示固体非金属元素。这一原则被中国化学界所接受，一直沿用至今。在翻译该书的同时，他还与他人合作编写了《化学材料中西名目表》和《西药大成中西名目表》，为中国近代化学学科的建立奠定了初步的基础。

华蘅芳也是中国近代著名数学家。他曾参与江南制造局翻译馆的筹建。建馆后，他自任数学和地质学著作的翻译，先后与玛高温和傅兰雅合作翻译了《金石识别》、《地学浅谈》、《代数术》、《微积溯源》、《三角数理》、《代数难题解法》、《决疑数学》等西方科学著作。其中《金石识别》是第一部向国人介绍近代地质探矿知识的著作；《地学浅谈》则第一次向中国介绍了达尔文的生物进化论。除此以外，华蘅芳还自己撰写了《学算笔谈》、《循环小数考》和《抛物线说》等数学普及读物，向国人介绍西方近代数学的基本知识。

另外，近代著名化学家和机械工程专家徐建寅也与傅兰雅、金楷理等人合作翻译了《化学分原》、《汽机尺寸》等著作。这些著作在深度和广度方面都弥补了其父徐寿译著的不足。同时，他的译著还涉及国防建设、社会科学等方面，其中《水师操练》、《轮船布阵》等介绍了西方近代军事理论和军事技术；《辩论三则》介绍了西方近代辩证法思想。特别是他在赴欧洲实地考察的基础上编译了《德国议院章程》、《德国合盟纪事本末》等介绍西方政治和历史的著作。在编译《德国议院章程》时，他认为议院"可以通人情，可以交上下"。正是为了将议院制度"付之于民"，他编译了这本书。当时，国内早期维新派宣传政治改革，倡议议院之风还刚刚兴起，作为科学家，徐建寅将视线从科学技术转向现实政治，实在难能可贵。这也为他日后参与维新变法运动奠定了思想基础。

以上近代科学家除大量翻译西方科学技术著作外，还创办了以传播近代科技知识为主的新式学堂（如格致书院）和科技期刊（如《格致汇编》），还开设了专门出售科技书籍的书店（如"格致书室"）。通过这些活动，使西方近代科学技术在中国得以较大范围地传播，并培养了一批中国近代早期科技人员。他们翻译的科技著作不仅推动了中国科学技术的发展，而且还对中国的近邻如日本、朝鲜产生了影响，在日本明治维新过程中曾派人到江南制造局购买了大量翻译馆出版的科技著作，"归国仿行"。同时他们介绍的近代科学知识还武装了以后的维新派人士。如谭嗣同在他的《仁学》中就多次运用原质（元素）和质子（原子）的理论来说明物质可以互相转换和物质不灭的哲学观点，从而为他的变法主张提供了理论依据。另外，洋务运动中得到较广泛传播的日心论、牛顿力学三大定律以及洋务运动中刚传入中国的生物进化论都对维新思想家产生了影响，并成为资产阶级维新思想的自然科学基础。梁启超曾在《清代学术概论》中提到李善兰、华蘅芳的译著时说："光绪间所谓新学家者，欲求知识于域外，则以此为枕中鸿秘。"

特别值得指出的是，洋务运动中一些近代科学家不仅在传播西方近代科学知识方面卓有贡献，而且还提出了一系列科学思想观点。李善兰以"发千古未有之奇秘"的精神从事科学研究和译著工作。他翻译的《谈天》（原名《天文学纲要》）是英国著名天文学家约翰·赫歇尔于1851年新出版的一部重要天文学著作。这部书几乎包括了到19世纪50年代止西方近代天文学研究的成果。通过这部书的翻译出版，李善兰不仅向国人介绍了西方最新的天文学知识，而且还在其序言中对乾嘉学派的代表人物阮元怀疑和否定哥白尼日心学说的言论以及他们所鼓吹的蒙昧主义不可知论进行了批判。哥白尼的日心学说早在明末清初时就传入了中国，但遭到了封建势力的非难和否定。阮元认为日心说"上下易位，动静倒置，则离经叛道，不可为训"，而其他天文学知识又"累经改易，派别支分，师传各异"，"难可合一"。因此，他认为"天道"是非常深奥和微妙的，不是人们所能"窥测"的，既然如此，人们就不必去钻研宇宙的奥秘，只要知道其"所当然"，而不必去强求"其所以然"。李善兰对这种蒙昧主义的不可知论进行了批判。他指出，阮元这种观点没有经过"精心考察"，只拘泥于我国古代的"经义"而"妄生议论"。他认为从事科学研究就应该"苟求其故"，即不断探索大自然的规律，才能使人们的认识由知其然而发展到知其所以然。他指出，日心说和其他近代天文学知识不是哥白尼等人的主观假定，而是在考察和研究了自然界大量现象后提出的科学结论。这样，他实际上将科学认识问题上的两条截然不同的路线摆了出来：一条是从哥白尼到牛顿的近代科学路线，一条是以阮元为代表的中世纪蒙昧主义不可知论。他本人坚定地站在近代科学唯物主义立场上，对蒙昧主义不可知论进行了理直气壮的批驳。这不仅为哥白尼学说在中国的胜利和广泛传播奠定了基础，而且使与近代科学相适应的唯物主义认识论和方法论在中国第一次获得比较明确的理论形式。

对于科学认识路线上的唯物主义反映论和唯心主义先验论的对立，其他近代科学家也曾有所认识。如华蘅芳曾指出了"顺天以求合"和"为合以验天"两种截然不同的科学认识观。"顺天以求合"就是根据客观存在的自然现象探求符合自然规律的科学认识;"为合以验天"就是用自然现象来印证某种先验的认识。他认为前者以李善兰为代表,后者以阮元为代表,并明确表示了对前者的肯定。徐寿在科学的研究过程中也坚决反对星命风水、巫觋谶纬等迷信思想,坚持"以实事实证引进后学"的治学态度。这种"以实事实证引进后学"的态度也正是近代科学唯物主义反映论的具体表现。

洋务运动中西方近代自然科学的传播虽然不可能造成对封建专制统治的直接威胁,但是对封建传统文化和封建蒙昧主义也形成了一定的冲击,从而为近代启蒙思潮的兴起创造了一定条件。

3 早期资产阶级维新思想

随着洋务运动的开展,民族资本主义也开始在近代中国出现。反映着民族资本主义正常发展的要求,从洋务派内部逐渐分化出一批具有初步资产阶级思想的知识分子,他们在更深层次上提出了向西方学习和发展资本主义的要求,从而形成了一股早期维新思潮。这股思潮促进了 19 世纪末期一代人的新觉醒,为戊戌维新运动作了思想上的准备。

最先在洋务派中提出异端思想的代表人物是郭嵩焘和冯桂芬。

郭嵩焘是洋务运动的一个主要理论家。早年他受经世致用思想影响颇深，对封建社会的腐败政治和思想钳制多有揭露。1876年，因为马嘉理案的发生，他被朝廷任命为"出使英国钦差大臣"到英国"赔礼道歉"。他抱着"通察洋情"的志向，在一片谩骂和嘲讽声中毅然衔命出使，以后又作为中国近代首任驻外公使留驻英法。这使他在洋务派中较早和较多地直接了解到西方社会各方面情况，也使他成为了洋务运动的一个批评者。在他死后，严复曾评价他"入世负独醒之累"。确实，他可以称得上是洋务派中的"独醒者"。

郭嵩焘对洋务派的"中学为本，西学为末"的"本末论"进行了批判。他认为洋务派企图用"羁縻之术"买点洋枪洋炮，学点洋人技艺来维持清王朝摇摇欲坠的统治，只不过是"治末而忘其本，穷委而昧其源"。他认为"西洋立国，有本有末，其本在朝廷政教，其末在商贾"，而"造船制器"之类仅是"末中之一节"。他认为，学习西方当学其本，首先应该是学习其经济和政治制度的优点。

在经济政策方面，郭嵩焘主张学习英法等国的"以开采制造等事委之于民"，使"人民有居积之资"，也就是要打破封建官府垄断，让商民自由经营。在政治方面，他对西方各国尤其是英国的政治制度进行了较深入的考察和研究。他认为英国政治制度中，国家大事都公之于臣民，君主不得垄断国政。反观中国，"秦汉以来二千余年"是适得其反，君主专制而"民之受迷者二千余年"。这分明是对中国的封建专制政体和愚民政策表示不满。他还将西方民主政体和中国专制政体的优劣上升到政治哲学的高度来认识，认为中国的专制政体"以其一身为天下任劳"，而西方民主政体则"公之臣庶"。"以其一身为天下任劳"的专制政治即使有"圣君贤相"治理，也不可能长久，因为"德有盛衰，天下随之以治乱"，如果像秦始皇、李斯那样的君相，就是枯竭天下的财富以供奉专制君主一人也难以满足他放纵无限的欲望。而"公之臣庶"的民主政治，可以长久推行，推行愈久，文明程度愈高，法律愈完备，国势也日益强盛。这种观点当然没有触及民主政治与君主专制政治本质上的区别，其对民主政治的理解也显得非常肤浅。然而，这种观点毕竟承认了民主政治比专制政治优越，表达了郭嵩焘对西方民主制度的向往。这在洋务派看来无疑是"离经叛道"的。

郭嵩焘还从文化的角度比较了中西的异同。他认为"西洋之法，通国士民，一出于学"。因此，他对西方教育特别加以推介。他认为西方教育"一皆致之实用，不为虚文"，因此，其"学问日新不已"。他特别对英国学校的教学内容感兴趣，认为地理、植物、动物、机器、工艺、数学、簿记等课程"皆中国士大夫所未闻见者也"。正因为这样，英国的受教育者可以"各就其才质所长"，"终其身以所学自效"，为自己的国家服务。对比之下，他深感中国传统教育之落后。他认为：中国教出的学生都是一些虚浮轻慢的弟子，学习的又是"诗文无实之言"，这实际上是败坏毁灭天下的人才。因此，他认为中国"今日之要务"是仿效西方开设近代学校，"求为征实致用之学"。这实际上是对中国传统封建教育的否定。

郭嵩焘对中西文化异同的比较还深入到伦理观念领域。他注意到西方以基督教精神为基础的伦理观念与中国儒家伦理观念的差别，认为，"中国圣人之教道"，只是满足于自我约束而不重视对他人的责任，"其道专于自守"。这是一种内向的保守型的伦理观。而西方基督教伦理观"主于爱人"，把他人看作自身，这种外向的进取型的伦理观使西方人非常重视人的价值，认为人生活在世上就有"成其事业"、"继事述志"的责任，并常常把自己看作上天的儿子，把"并立于天地之间"的其他人看作兄弟。这说明郭嵩焘已经隐约领悟到西方伦理观中的人文主义和平等、博爱的原则。他虽然认为西方伦理观"不足为师道"，但还是认为它较之中国传统伦理观要强一点，"其言固切近而可深长思也"。这反映了郭氏在西方伦理观影响下对中国传统伦理观念的一种反省。

郭嵩焘在对中西经济、政治、文化甚至社会习俗各方面作了多侧面的比较后，对"内中国而外夷狄"的传统观念进行了批驳。他认为西方文明已达到很高的程度，"政教风俗，欧洲各国乃独擅其胜"，而"中国教化日益微灭"，因此，西方国家视中国就好像中国"三代盛时之视夷狄也"。他还认为西方文明对中国本土文化的冲击是"以其有道攻中国之无道"。正是这种大胆地承认西方文明、中国落后的勇气和明智使他遭到封建顽固派甚至于一部分洋务派大员的攻击和排挤。

顽固分子刘锡鸿曾参劾他"违悖程朱"、"藐玩朝廷";清流派张佩纶也攻击他"谬轻滋多","特损国体"。这也是导致他政治生命悲剧性结局的主要原因。然而,他那饱含着浓厚理性色彩的思想为早期维新思潮开了先河,在近代思想史上留下了光辉的一页。

另一个由地主阶级改革派向早期维新思想家转化的过渡性人物是冯桂芬。冯桂芬是林则徐的学生,也曾是道光年间经世派的一个重要代表人物。面对着日益加深的封建统治危机,他在《校邠庐抗议》中提出了一整套革新封建统治的主张。他认为因为封建专制政治和科举制度使中国在四个方面不如西方,即"人无弃才不如夷;地无遗利不如夷;君民不隔不如夷;名实不符不如夷"。这种比较已涉及政治、经济、文化甚至价值观取向各方面,显然大大超过了他的师辈林则徐和魏源的思想。冯桂芬主张"博采西学",实行变法。在西学和中学的关系问题上,他提出了一个著名的命题,即"以中国之伦常名教为原本,辅以诸国富强之术"。这一命题以后被洋务派所接受,演变为"中学为体,西学为用"。但是,冯桂芬的"中主西辅"与洋务派的"中体西用"毕竟有重要的区别:前者是针对中学的纲常名教而发,是为西学争地位,反映了微弱的西学呼声和对传统中学的背离;而后者则是针对西学中的"民权平等之说"而发,是为了维护中学的统治地位。固然,冯桂芬的思想并没有从根本上逾越中学的界限,其局限性甚至比郭嵩焘的思想表现得更为突出,但他毕竟超过了林则徐、魏源等人的思想水平。这使他的思想成为早期维新思想的先导。

郭嵩焘和冯桂芬以后，又涌现了一批反映中国新兴资产阶级要求的早期维新思想家。其代表人物在19世纪70年代有王韬、薛福成、马建忠，到80年代有郑观应、陈炽、陈虬、何启等人。这些早期维新思想家尽管其出身、生活道路和政治经历不尽相同，但都具有一些共同的特点，即他们大都从地主阶级中分化出来，且都具有初步的资产阶级自由、民主思想；对于社会发展、民族命运，他们具有现实的新鲜敏感和爱国的意向；在向西方学习的问题上，他们已突破了"船坚炮利"和工艺制造的阶段，更重视学习西方自然科学知识、经济制度和政治制度，从而使他们的思想具有鲜明的启蒙性质。

在经济上，早期维新思想家提出了发展民族资本主义的"重商"思想。他们认为西方国家之所以比中国富强，不仅仅在于"船坚炮利"，而更在于工商业发达，人民富裕。他们主张中国也应该走振兴商务以达到富裕的道路。从王韬提出的"商为国本"，薛福成提出的"商握四民之纲"，到郑观应提出的"商战固本"主张，无不反映出发展民族资本主义工商业的要求和愿望。

早期维新思想家在提出"重商"思想的同时，还对传统的重农抑商、贱工贵士等封建观念进行了批判。王韬在70年代就对"中国自古以来重农而轻商，贵谷而贱金，农为本富，而商为末富"的传统思想进行批判。薛福成则要求"破去千年以来科举之学之畦畛

（qízhěn 界限之意），朝野上下皆渐化其贱工贵士之心"。郑观应批判了封建士大夫看不起工商业者，"不屑与之为伍"，"遇事必遏抑之，必借端朘削之"的封建传统观念，并抨击清政府"但有困商之政，并无护商之良法"。他认为，在这种条件下不可能获得"商务之兴"。因此，必须提高工商业者的社会地位，让他们在政治上能参加议会，获得爵位；在经济上能自由地处理商务，参与国际竞争。这正反映了新兴资产阶级要求独立发展资本主义经济和分享政治权力的强烈愿望。

尤其值得指出的是早期维新思想家已经把要求私人兴办工商业的主张与资产阶级的利己主义原则联系起来。薛福成在《筹洋刍议》中认为，自己替自己打算就叫"私"，这是人的天性。由于"人人欲济其私"，只要知道有利可图，自然就会"相率而竞趋"来兴办私人工商业。他认为，这种"私利""无损于公家之帑项，而终为公家之大利"。何启在《新政真诠》中也认为兴办近代工商业能"利济天下，惠及群生"，因为"人之能利于己，必能利于人，不能利于己，必致累于世"，他认为通商者只要"求之有道"，就一定能满足自己的利己欲望并有利于他人。这种"崇私"和"利己必利人"的思想是对中国封建社会重义而轻利，无视个人利益的传统观念的彻底否定。它的意义不仅仅在于赞美了资产阶级工商业者对社会发展所作的贡献，更深刻的意义还在于，这种思想表明他们已初步接受了资产阶级的利己主义原则，把追逐个人利益作为资本主义生产发展的一个动因来考察，并把这种利己主义原则作为他们主张发展近代资本主义工商业的理论依据。在当时的历史条件下这无疑是一种具有新鲜时代感的思想。随着资本主义经济的发展，封建专制政治对它的束缚、阻碍作用也越来越明显。代表着新兴资产阶级利益的早期维新思想家开始认识到"政治不改良，实业万难兴盛"，从而提出了改革封建上层建筑的政治要求。

早期维新思想家主要从君与民的关系方面论述了封建君主专制的弊端。王韬认为治民的根本是要"因民之利而导之，顺民之志而通之"，这就要求做到君主与百姓"上下之交不至于隔阂"。他告诫统治者不要轻民，而应该重民，不要以为老百姓懦弱、愚昧就侵犯、虐待和欺骗他们。他还认为君主能"与民同其利者，民必与上同其害；与民共其乐者，民必与上共其忧"。而在封建君主专制政治下，君民相隔，百姓所想得到的，君主未必能知晓而给他们；百姓所厌恶的，君主未必能觉察而不再加之于他们。这种君民隔阂正是造成中国落后贫穷、缺乏生气的主要根源。何启和胡礼垣则更进一步认为，"天下之权，惟民是主"，"国之所以立者惟民"。他们初步接受了西方启蒙思想家的"民约论"和"主权在民"思想，认为君主是由民奉举出来的，君主的权利和富贵利禄都是民恩赐的，因此，君主应该听命于民，为民办事，而不能反过来要民为君办事，更不能"虐民"、"伤民"。这种观点当然还谈不上对封建君主专制进行本质的批判，其"惟民是主"也谈不上是真正的民主。然而，它毕竟否定了君权神授和君权至上等君主专制的理论，对封建君主专制制度无疑是一种大胆的怀疑。

早期维新思想家的代表人物中，很大一部分曾到过港澳和欧美国家进行考察、留学或担任外交官，对西方近代民主政治制度有一定的了解。当他们对中国的封建君主专制开始产生怀疑时，对西方近代民主政治制度也产生了兴趣。从他们对西方政治制度的介绍和宣传中，我们可以清楚地判断出他们的思想倾向。

比较早的向国人介绍西方政治制度的早期维新思想家是王韬。他介绍了西方的三种政体即君主制、民主制和君民共主制，特别对君主立宪政体表示推荐，认为"惟君民共治，上下情通，民隐得以上达，君惠亦得以下逮"。他认为在君主立宪政体下，国家大政都由议会讨论，"必君民意见相同，而后可颁之于远近"。而英国实行这种制度，"实为泰西诸国所闻风向慕，则以君民上下互相联络之效也"。这种认识当然也没有揭示君主立宪制度的本质，仍只停留于"君民联络"、"上下情通"的浅表要求，但它还是反映出对西方近代政治制度的一种赞许和仰慕。

薛福成在对英、法、比、意等西方国家的政治制度作了考察后，比较了民主政体和君主政体的优劣。他认为，"民主之国"和"君主之国"各有利弊。但从其对各国利弊的具体分析来看，他比较多地肯定了民主制"用人行政，可以集思广益，曲顺舆情；为君者不能以一人肆于民上"的优点，认为这合于孟子的

"民为贵"思想，可以做到"公而溥"即公正而又普遍。对于君主制，他着重指出了其弊端，认为它"弊在上重下轻，或役民如牛马"，而且由于"舆情不通，公论不伸"，"一人之精神，不能贯注于通图"，这样就会导致政务无形之中混乱、堕废。作为一个来自于君主专制国家的外交官，薛福成的这种分析和评论的倾向性是颇为明显的。当然这并不意味着他已经主张在中国实行民主制度。他认为"君民共主，无君主、民主偏重之弊，最为斟酌得中"。因此，他把君主立宪看作中国最理想的政治制度。他对英国的议会制度很感兴趣，认为"议会者，所以通君民之情者也，凡议事，以协民心为本"。他特别欣赏议会制度的权力制约作用。他认为在英国议会中，上、下议院"相维制"，议会之权与君权、首相之权"相维制"，保守党和自由党"相维制"。这种权力的互相制约，可以使"国政适以剂于平"。这显然是与他主张的君主立宪政治理想相适应的。

马建忠也对西方君主立宪国家的议会制度进行了介绍。他的认识并没有停留在议会制度的政治形式上，而是进一步接触到西方资本主义政治体制的三权分立原则。他指出西方国家"其定法、执法、审法之权，分而任之，不责于一身，权不相侵，故其政事纲举目张，粲然可观"。尤其是他把"三权分立"与"主权在民"联系起来，认为在三权分立的议会制度下，西方各国"人人有自主之权，即人人有自爱之意"。这已接触到近代资产阶级的个性解放和自由、平等、博爱的思想。

郑观应也是议会制度的积极倡导者。在《盛世危言》中，他专门写了《议院》一篇，介绍了西方议会制度，强调中国必须实行议院制。他认为西方各国的"富强之本不尽在船坚炮利，而在议院上下用心，教养得法"。他指出议会制度可以"集众思，广众益，用人行政，一秉至公"；还可以"通达民情"，充分发挥老百姓的作用，使得"民志合，民气强"；还可以限制君权和官僚的权力，使"昏暴之君无所施其虐，跋扈之臣无所擅其权，大小官司无所卸其责，草野之民无所积其怨"。在对世界各国的政治制度进行了统计、对比和分析后，他得出结论："君主者权偏于上，民主者权偏于下，君民共主者权得其平。"因此，他极力主张在中国实行议会制的君主立宪政治制度。

早期维新思想家提出的设议院，实行君主立宪制的主张还带有很明显的局限性。他们所向往的议院一般不具有民选的性质，很大程度上还属于一种由封建官僚和一部分资产阶级上层人士所组成的咨议机构。他们主张君民共主，也主要注重于所谓"上下情通"，"君民一体"，而很少直接和公开地否认君主的专制权力，这反映出新生资产阶级在政治上的软弱性。然而，这些主张毕竟反映了他们对传统专制政体的不满和对西方民主政体的朦胧追求，对长期处于封建专制黑暗统治下的中国人民多少起了思想启蒙的作用。

在思想文化方面，早期维新思想家也对封建传统文化进行了一定程度的批判并主张学习西方。他们认为那些"自命正人者""以不谈洋务为高见"，一听到有人讲求西学，就斥之为名教罪人，士林败类，这是一种十分迂腐的成见。同时，他们也指责洋务派以"西学为用"是"遗其体"，是"零拾碎取"的片面之学，或者"仅为一事一艺之用"，或者"浅尝辄止，有名无实"，或者"尚属皮毛"，未及实质。以这种态度学习西方，势必"挂一漏万，割裂重复"，这是不可取的。因此，他们主张兼学西学的"体和用"，对西方各国的政治、经济、军事、科学、教育各方面，只要对中国有用，就必须全面学习，变通为用。

将中学与西学、本与末、体与用等关系上升到哲学上来认识，就是"道"和"器"的关系。王韬认为："形而上者，道也；形而下者，器也。所欲变者，器也，非道也。"郑观应在《盛世危言》中有《道器篇》，对道器关系的论述大致与王韬差不多。他们都认为道即"孔子之道"为核心的纲常名教，这是不能改变的；器则是科学技术、工艺制造之类，这都是可以改变的。表面上来看，这似乎与洋务派的"中体西用"没有什么区别，但仔细加以分析，仍可看出一些新的认识。首先，他们所讲的道和器、中学和西学的内容不同于洋务派的观点。郑观应明确指出"器"和"西学"不仅包括西方先进的"格致技艺之学"，而且还包括西方的"政教刑法"即社会政治法律制度。关于"道"和"中学"的内容，郑观应只是含糊其辞地归之于"孔子之道"，但他认为西方许多先进的东西如议院制、君民共主等是"中国本有之学，颇与三代法度相符"，现在向西方学习这些东西只不过是"还之于中国"，"礼失而求诸野"。这样，他极其隐蔽地将议会制、君主立宪等政治制度的改革纳入"道"和"中学"的范围内，并以托古改制的方法论证了其合理性。其次，他们认为"道"和"器"是相互依存、互相渗透的。"形而上"的"道"必须通过"形而下"的"器"去发现和穷尽。两者"虚中有实，实中有虚"，"合之则本末兼赅，分之乃放卷无具"。因此，光讲中国的"道"是不行的，还必须有西方的"形器之学"，只有把二者结合起来，才能"本末具，虚实备"。由此可见，他们的"道器观"是为其向西方学习的目的服务的。

在介绍和宣传西学的过程中，早期维新思想家已认识到西方近代文化和中国传统文化的一个重大区别，即西方文化重实际，重实学（科学），而中国传统文化重虚文，重诗赋。王韬介绍英国近代教育时说："英国以天文、地理、电学、火学、光学、化学、重学为实学，弗尚诗赋词章。"他还称赞"英国学问之士，俱有实际；其所习武备、文艺，均可实见诸措施；坐而言者，可以起而行也"。比较中国的传统教育，他认为其最大的弊端在于"所习非所用，所用非所长，问以钱谷不知，问以兵刑不知，出门茫然，一举步即不识南北东西之向背哉"。这活脱脱地描绘出受科举愚弄的书呆子形象，与他所介绍的"坐而言者，可以起而行"的"英国学问之士"形成了鲜明的对比，其褒贬之倾向，跃然纸上。无独有偶，郑观应也批评中国传统的教育"所学非所用，所用非所学"，科举制度则"锢蔽天下之人材"，"扼杀人们的聪明才智"。因此，他认为"时文不废，则实学不兴；西学不重，则奇士不出"，只有仿效西方各国设立新式学堂，"以重时文者而移之于重西学"，才能培养出真正有用的人才。

早期维新思想家在追求西学的过程中已初步提出了重视科学的思想。他们本人也注意学习了解近代科学知识。王韬在他的《漫游随录》中记载了他在英国所了解的一些近代科学知识。他认为科学可以改变人们的传统习惯和社会习俗，扫除宗教迷信思想。因此，他主张仿效西方，"推求格致之精微"。薛福成也在出使欧洲期间对许多西方近代科学问题进行了探讨。他认为科学技术的不断发展以及由此而推动人们智力水平不断提高，社会风格不断进步，这是"宇宙间自然之理"，并预测随着未来科学的发展，人们征服自然的能力将"更当百出而不穷"。这种重视科学思想的提出，在当时被封建愚昧和迷信毒雾笼罩的中国无疑具有启蒙的作用。

早期维新思想家上述各方面思想主张已经具有了启蒙思想的性质。但其涉及的领域还比较狭窄，并偏重于个人的主张，缺乏群众性和社会性。特别是他们理论思维形式上的落后更影响了其作用的发挥。因此，这一时期还不可能形成一场启蒙思想运动。真正意义上的启蒙思潮是在戊戌维新运动中兴起的。而早期维新思想则成为戊戌维新思想的"前驱先路"，其意义同样也是不可低估的。

二 戊戌维新运动期间近代启蒙思潮的兴起

　　中日甲午战争后，中国的民族危机空前严重。随着民族资本主义的初步发展而逐步成长起来的中国民族资产阶级更迫切地要求改革封建上层建筑，发展资本主义，以富国强兵，挽救日益深重的民族危机。于是从70年代开始出现的维新思潮逐渐演变为一场救亡图存、维新变法的政治运动，这就是戊戌维新运动。在这一运动中，资产阶级维新派的代表人物康有为、梁启超、谭嗣同、严复等一方面大声疾呼变法改革，救亡图存；另一方面又大力批判封建专制主义和蒙昧主义，宣传西方近代资产阶级民主主义和自由平等学说，从而形成了中国近代史上第一次思想解放运动。中国近代启蒙思潮正是在这一运动中得以蓬勃兴起。

　　谭嗣同曾在他的代表作《仁学》中提出了"冲决网罗"的口号。他说："网罗重重，与虚空而无极。初当冲决利禄之网罗，次冲决俗学若考据若词章之网罗，次冲决全球群学之网罗，次冲决君主之网罗，次冲决伦常之网罗，次冲决天之网罗，次冲决全球群教之网罗，终将冲决佛法之网罗。"谭嗣同是维新运动中的激进派，他提出的"冲决网罗"的口号反映出当时反封建主义思想的最高水平。由于政治立场、社会地位、个人性格等各方面的差异，并不是所有的维新思想家都接受或同意这一口号。然而，如果我们撇开其彻底性和激烈程度上的差异，就不难看出，维新思想家提出的反封建思想在客观上都程度不同地显示出"冲决网罗"的要求；他们所宣传的资产阶级思想又无一不是"冲决网罗"的收获。"冲决网罗"实际上已成为当时思想解放的代名词。因此，我们不妨沿着谭嗣同的思路来考察一下维新派反封建思想的脉搏。

维新派反旧学倡西学的文化思想

　　封建传统文化是封建专制主义存在的思想基础，也是当时先进知识分子追求救国救民真理的严重思想障碍。康有为曾"忧患百经未闻道"；梁启超年少时曾"不知天地间于词章训诂外，更有所谓学"；谭嗣同年少时也"随波逐流，弹抵西学"而尊崇"圣人之道"；唐才常年轻时更是"低首摧眉，钻研故纸"而"绝不知人世间复有天日"。即使是较早学习西学的严复在成年后也"当年悔习旁行书"而不得不重新捡起四书五经参加科举考试。这些都说明了封建旧学对人们思想的束缚和毒害。不批判封建旧学，就不能解放人们的思想。因此，维新派向封建旧学发动了猛烈的攻击。谭嗣同喊出的"冲决俗学之网罗"正是向封建旧学进攻的号角。

康有为在维新派中是旧学根底最深的一个。但他在民族危机日益深重的情况下，对旧学逐渐产生了怀疑，发出了"日在故书堆中研读究有何用"的感叹。于是他以其独特的方式对封建旧学进行了批判。他用的是考证的方式。梁启超在给康有为写的传中称他"以孔学、佛学、宋明学为体，以史学、西学为用……每论一学、论一事，必上下古今，以究其沿革得失，又引欧美以比较证明之"。这种考证虽然披上了"以孔学、佛学、宋明学为体"的外衣，但实际上却是为他推翻旧学说，创立新理论而服务的。他的两部代表作《新学伪经考》、《孔子改制考》正是这种考证的成果。在《新学伪经考》中，他提出了一个骇世惊俗的观点，即"六经皆伪"。他认为东汉以来流传下来的古文经是刘歆伪造的，即使是"宋人所尊述之经，仍多伪经"。他这一考证与其说是正"经学"之名，还不如说是要否定几千年来封建统治者奉之正统的儒家经典。在《孔子改制考》中，经过他一番特殊的考证，统治者奉为大成至圣先师，士大夫为之顶礼膜拜的孔圣人倒成了封建统治者所绝对不能容忍的维新变法、托古改制的祖师爷。这当然也不是为了还孔子的本来面目，而完全是为了创立他的托古改制理论。康有为的这种考证方法是不科学的，然而他的目的就在于让人怀疑孔子之道，怀疑儒家经典，进而怀疑封建专制制度。梁启超认为康有为的功绩在于"解二千年来人心之缚，使之敢于怀疑，而导之以入思想自由之途径"。而这种怀疑精神恰恰是启蒙思想的本质特征。

康有为还对八股取士的愚民政策进行了批判。他认为八股取士制度是导致中国民智不开、社会落后的重要原因。百日维新期间，他曾利用召对的机会，向光绪帝面陈了八股的危害。他说："今日之患，在吾民智不开……而民智不开之故，皆以八股试士为之。"他认为："学八股者，不读秦汉以后之书，更不考地球各国之事。"因此，大批不学无术者，"皆由八股致大位"。这样一旦国家有事，"群臣济济，然无以任事变者"。他甚至将甲午战败中国割地赔款归结于八股之罪，认为台辽被割，二万万两赔款，胶州、旅大、威海、广州湾被强占都是因为八股取士的原因。他还认为，八股取士是禁锢知识分子思想、摧残人才、使人"闭聪而黜明"的原因。他说八股考试总是以"割截枯困之题"来为难知识分子，这样，知识分子就不得不挖空心思，"便词巧说以应之"。平时几百万失意士人为准备八股考试"穷志尽气，白首黄馘，日夜孜孜"，仅仅是为了应付这枯燥无味又空洞无益的八股考题，这不是对人才最厉害的摧残吗？康有为还认为八股取士是导致人们道德沦丧、社会风气败坏的重要原因。因为八股考试"号称代圣立言，乃如娼优唱曲"。这样培养造就出来的"人才""十年颛愚无知，轻佻无耻"，"知利而不知义，知私而不知公"，"敢于作奸犯科，而不敢于急公仗义"，这势必"败人才而坏风气"。因此，康有为在戊戌维新期间多次上书，要求永远停止八股考试，改试策论，并除去考试中的一切禁忌。这样才能"正人心，明圣道，广人材，成风化"。

梁启超则把批判封建愚民政策与批判封建君主专制联系起来。他认为封建君主为维护其专制统治，防止"草泽之豪杰"造反和"议论之士"批评时政，就想方设法对人们的思想进行钳制。这样，"豪杰与议论之士必少，而于驯治天下也甚易"。在愚民政策的箝制下，封建教育的内容都是制文、诗赋、楷法之类。知识分子的唯一出路也是通过八股科举入仕。梁启超认为，八股科举之法不仅是造成人才乏绝、无以御侮的原因，而且是摧残人才、愚士愚民的方法。他说："科举之试以诗文楷法取士，学非所用，用非所学"，考中为官者，"内政外交，治兵理财，无一能举者"，"相率为无用之才"。不仅无用，而且"更愚之"。全国参加科举者有几十万，而考中者仅为千分之一。无数读书人"穷志尽气"终身苦读不能中举，而又没学到其他任何本事。这就使几十万"秀民"都成了"弃才"。他还进一步指出，"科举之法，非徒愚士大夫无用已也，又并其农工商兵妇女而皆愚而弃之"。因为士大夫"固农工商兵妇女之师也"。士大夫无专门之学，则造成"农不知植物，工不知制造，商不知万国物产，兵不知测绘算数，妇女不以助其夫"，这就造成"四万万有用之民，而弃之无用之地，至兵不能御敌，而农工商不能裕国"。梁启超还把这种愚民政策放在西方各国以智力相竞争的大背景下来考察，认为"人皆智而我独愚"，简直是"自掩闭其耳目，断刖其手足"。这种认识，应该说比康有为对八股取士的批判更深刻一些。

谭嗣同对封建蒙昧主义和封建文化专制主义的批

判则更为激烈。他认为自秦汉以后"二千年来之学"都是"公然为卑谄侧媚奴颜婢膝"的"乡愿"之学，"工媚大盗"之学，完全是为封建专制主义服务的。他抨击了专制君主为了自己"放纵横暴"就必须"涂锢天下之人心"，"尽窒生民之灵思，使不可复动"。而且，随着封建专制主义的不断加强，这种蒙昧主义也越来越严酷，越来越厉害。他特别严厉地批判了清王朝的文化专制主义，认为清王朝提倡程朱理学，编纂《四库全书》，是以"所素不识之孔教，以压制所素不知之中国"。他痛斥这种"以诗书愚黔首"的政策比秦始皇的"焚诗书以愚黔首"为害更烈。这种对本朝文化专制主义如此公开和严厉的批判，在与他同时代的知识分子中引起了极大的思想震动。

严复也把传统的封建旧学看作中国之所以大大落后于西方各国的重要原因。他认为中国传统的学术最大的弊端在于禁锢人们的思想，一切以古代圣贤的是非为是非。知识分子的思想在"必求古训"的束缚下，完全没有自己的独立思考，而且又严重地脱离实际，因此，他们看问题、处事，有时反倒不如农工商贾正确。他还对中国历代学术思想分别进行了"重新估定"。他说"周孔之教"与世事无补，"六经"又"有不可用者"，至于宋明理学、汉学考据又都是"无用"和"无实"的，陆王心学则是"闭门造车"，难以"出而合辙"。他讽刺说，依靠这些学术思想来治国，就好像是"蒸砂千载，成饭无期"。他指出，旧学的危害不仅仅在于学术本身，其"为祸也，始于学术，终于国家"。正是这种传统学术导致中国民智不开，而民智不开国家就不能富强，即使侥幸富强，也不可能持久，迟早会要亡国的。他还批判了元明以来的八股取士制度，指出这种制度"害在使天下无人才"。他列举了八股取士的三大害处：一害"锢智慧"，自己写出的文章连自己也不知写的什么；二害"坏心术"，导致一些学子挖空心思在考场作弊；三害"滋游手"，养成了一大批钻营名利功禄的"民之蠹"。他指出：这样三大害处，就是有一条，国家也会贫弱而亡。因此，他大声疾呼：中国的当务之急"莫亟于废八股"。

宋恕是戊戌维新时期颇有影响的启蒙思想家。在他于1897年改写出版的《六斋卑议》一书中，对封建旧学尤其是程朱理学和八股取士制度进行了猛烈的抨击和批判。他认为程朱理学是以"不学之躯，肆口标榜"，他们的荒谬学说流毒深远。发展到后来更是"虚矫益甚，诈伪益多，廉耻全亡，恻隐尽绝"。而元明以来的八股考试正是以程朱理学为本。除了程朱理学外，禁止引用诸子和史书，更禁止涉及时政，"忌讳深重，法限严苛"。这样必然严重地禁锢知识分子思想，使知识分子既不读古书，也不讲时务，被程朱思想和八股制文"销磨锐气"，"挫折英才"。因此，他痛斥程朱理学是洪水猛兽，而八股取士就好比秦始皇的焚书坑儒。在统治者大力推崇宋明理学的当时，宋恕的这种大胆的批判无疑是需要很大的勇气的。

在批判封建旧学的同时，戊戌维新思想家又大力宣传和提倡西方近代资产阶级文化。他们把提倡西学看作变法维新、救亡图存的重要途径。康有为指出，近百余年来，欧洲各国新政、新法、新学、新器不断涌现，"绝出前古"。相比之下，中国大大的落后了。在这"列国竞争之世"，中国不学习西方资本主义先进的东西就无法立足于世界，就会亡国灭种。

怎样向西方学习，向西方学习些什么呢？维新派在这些问题上已大大超过了他们的思想先驱。他们认为向西方学习应该是全面的，包括西器（机器、军事装备）、西艺（生产技术）、西学（文化教育、自然科学、哲学思想等）、西法（法律制度、财政经济制度）、西政（政治制度）。在这一方面，维新派与顽固派和洋务派进行了激烈的交锋。在戊戌维新期间，封建顽固派坚决反对向西方学习，攻击维新派学西学是"用夷变夏"、"甘当洋奴"，甚至认为学西学将使中国"变为盗贼渊薮"，使四万万人"夷于禽兽"。这种痴人梦呓般的谬论在维新派的反击下显得极其苍白无力而迅速败下阵去。倒是洋务派的"中学为体，西学为用"的观点颇具迷惑性。因此，批判"中体西用"论调，澄清"中学"和"西学"的相互关系就成为维新派在宣传资产阶级新文化，促进人们思想解放的斗争中着重注意的一个问题。

康有为对洋务派的所谓变法进行了批判，认为洋务派"所言变法者，率皆略变其一端，而未尝筹及全体"，这只是"变事"而不是"变法"。他认为"政有本末，不先定其本，而徒从事于其末"，就不是真正的变法；而他认为制定宪法、开设国会、实行三权分立就是"本",其他的是"末"。尽管他试图引证中国古代文献和思想资料来说明立宪法、开国会是中学中本来就有的,但他实际上还是从西方国家学到了这些东西,并把他们当成西学之本。因此,揭开其"托古改制"的外衣,我们可以看出康有为的中西文化观已突破了"中体西用"的局限。谭嗣同则从论证"道"与"器"的关系出发否定了"中体西用"的观点。他认为:"道,用也,器,体也。""道"和"器"、"体"与"用"是相辅相成的。他指出中国的"器"已经发生了变化,"道"也要随之发生变化。西方国家既然有值得学习的"器",就必有值得学习的"道"。因此,他主张对中国传统的东西要"道"、"器"都变,而对西方先进的东西应"体"、"用"兼学。严复更直接地否定和批判了"中体西用"的观点。他认为"体"和"用"是统一不可分离的,"中学有中学之体用,西学有西学之体用"。洋务派标榜的"中体西用"是"遗其体而求其用",就好像是求牛体之马用,当然是非常荒谬的。因此,他主张全面学习西学的"体"和"用"来改造中国。什么是西学的"体"和"用"呢?他的回答是:"自由为体,民主为用。"这一西学体用观不仅全面否定了"中体西用"的观点,而且还反映了维新派学习西方的最高要求。

维新派主张全面学习西方,除了大量介绍了西方近代资产阶级政治和经济制度外,还在文化教育、学术思想等方面提出了许多学西学的主张。他们强烈要求改革中国传统的教育制度和科学制度,学习西方,创办新式学校，用西方近代资产阶级文化来培养富国强兵的人才；他们主张广立学会，发行报刊，以开发民智；他们还主张翻译外国书籍，设立图书馆、博物馆，传播自然科学知识等等。这些都有力地推动了资产阶级文化的传播。

在维新派中，提出学习西学思想最全面、最丰富、并在传播西学方面作出重大贡献的当推被誉为"中国西学第一"的严复。严复在猛烈地抨击封建蒙昧主义学术思想和科举制度的基础上，提出了用西方近代资产阶级文化来"鼓民力"、"开民智"、"新民德"的一套完整的纲领。他认为西方资产阶级的新文化无论在哪个方面"皆有以胜我者也"。他把西方资本主义国家的先进经验总结为两条，即"于学术则黜伪而崇真，于刑政则屈己以为公"。所谓"屈己以为公"指的是西方近代资产阶级国家制度，而"黜伪而崇真"则是指的西方近代自然科学以及求实的科学态度。因此可见，他已经初步触及近代启蒙思想的两大主题即"民主"和"科学"。为了向国人传播西方近代先进思想文化，严复翻译出版了大量西方近代政治、经济、法律、哲学、科学著作，如《天演论》、《原富》、《法意》、《名学》、《群学肄言》等。他在其译述的《天演论》这部著作中详细介绍了达尔文的生物进化论，并着重强调"物竞天择，适者生存"的进化规律，以此警告国人，中国如不发奋图强，就将被淘汰。这一思想在中国近代史上所起的启蒙作用是其他任何著作所无法比拟的。他还在其译述的《名学》中介绍了西方近代先验主义归纳法，并运用这种思想方法对中国传统的学术思想展开了批判。这些都反映了戊戌维新运动中学习西方资产阶级文化的最高水平。

维新派反对封建旧文化，提倡西方新文化的思想也不可避免地带有一些局限性。有的将西方资产阶级文化贴上正宗孔学和"先王之道"的标签，从而使他们的文化思想带有神秘主义的色彩；有的则对封建旧文化缺乏理性的分析和批判，而对西方文化的介绍和宣传又失之支离破碎，牵强附会。这些局限性导致了戊戌新文化思想没有最终战胜封建文化思想。尽管如此，他们的文化思想毕竟在封建文化专制主义的思想网罗上冲开了一个缺口，为深受封建文化思想毒害的中国人民带来了一股清新的空气。其思想解放和思想启蒙的作用是应该给以充分肯定的。

② 维新派反专制、倡民权的政治思想

正如封建旧文化为封建君主专制充当辩护士一样，维新派反对封建旧文化，提倡资产阶级新文化的斗争也必然为政治上对封建君主专制的批判和对西方民权学说的推崇铺平了道路。

维新派对中国两千多年来的封建君主专制制度进行了激烈的批判。他们一致认为封建君主专制政体是几千年封建社会万恶的根源和中国贫弱的主要原因。康有为对中国在西方殖民主义的侵略面前一再失败的

原因进行了分析，他认为，中国失败的主要原因是"体制尊隔之故"。他指出，在君主专制政体下，"上下隔塞，民情不达"。君与民之间上下如隔几百级的宝塔，"级级难通"；纵横如隔几千间广厦，"重重并隔"。而国家大事仅由君主和几个亲信大臣治理，"国安得不弱？"梁启超也认为，中国"历古无民主"，封建君主将天下视为私有而害怕人民与他夺天下就严加防范，不让人民有任何权利。这样就造成法禁日益严密而政教日益陵夷，君权日益尊重而国威日益衰落，这正是"中国致弱之根源"。他还指斥数千年的封建君主都是民贼，甚至清朝的屠城屠邑也是"民贼之所为"。谭嗣同对封建专制主义的批判则更为激烈。他认为封建君主专制制度是封建社会万恶的根源，历代君主都是"独夫民贼"的"大盗"。他们为了维护自己至高无上的权威，都制定了"酷毒不可思议之法"，使人民受着"鼎镬刀锯之刑"。他不仅批判了两千多年的君主专制，而且还把矛头直指清朝的专制君主。他说："两千年来，君臣一伦，尤为黑暗否（pǐ 坏恶之意）塞，无复人理，沿及今兹，方愈剧矣。"这里的"今兹"，无疑是指的清王朝。他认为清王朝君主专制酷毒尤烈，完全是凭借"蛮野凶杀之性气"来统治中国，从而造成中国如此黑暗地狱。因此，中国之所以贫穷落后，无所作为，完全是因为"上权太重，民权尽失"。在这方面，严复也有类似的观点。他斥责自秦以来之为君者都是"强权者"、"欺夺者"和"大盗窃国者"。他在翻译《法意》时以按语的形式对封建君主的所谓"家天下"进行了揭露。他认为，中国自从秦朝以来，"无所谓天下也，无所谓国也，皆家而已"。这是因为封建君主将天下视为私产，君主一人既是王者，又是"宪法"，又是"国家"，这样，所谓天下和国家的兴亡就是一家的兴亡，而广大人民无论在哪个"家天下"都是身为"臣妾"、"奴婢"，只不过是随着朝代的更替改换主人，而受压制，受奴役的地位丝毫也不会改变。他还特别用西方启蒙思想家在暴君面前人人平等的观念对君主专制的本质进行了揭露。法国启蒙思想家孟德斯鸠和卢梭都认为无论是民主制，还是专制，在一定意义上，其国民都是平等的。只不过在专制下的平等都是"以国民为奴虏"，大家都没有权力，都等于零。严复发挥说，专制君主高高在上作威作福，一国之人都由他随意处置。除君主一人之外，其余"则皆奴隶"，都没有任何权力，因此，"专制之民，以无为等"，就是说在没有权力这一点上都是平等的。他认为"君有权而民无权"的君主专制"坏民之力，散民之心，漓民之德"，正是造成中国社会贫穷落后的根源，因此，封建君主专制制度"百无一可"必须彻底废除。

维新派不仅对封建君主专制的罪恶进行了有力的揭露和批判，同时还深入批判了封建君主专制制度的理论基础。首先，他们对"君权神授"的谬论进行了批驳。康有为在《春秋笔削大义微言考》中提出了他的"君权民授"论来反对"君权神授"论。他认为，人生来就要为自己谋利益，求快乐。这样就聚集起来以解决公共安全的问题，于是就形成了国家。因为大家都各有自己的事不可能每个人都来管公共的事，就将公共的事委托给一个大家公推出来的人来做，这样就产生了君。由此可以得出结论，君是由民产生的，君权是由民授予的。谭嗣同也提出了类似的观点。他在《仁学》中指出：人类刚产生时本无所谓君民之分，大家都是平等的民。到后来，公共的事多了，平等的民不能治理，也没有时间来治理。于是就共同推举一个人为君。因此，他明确得出结论：正因为是共同推举，那么就不是君主选择人民，而是人民选择君主，是因为有民而后才有君。康有为和谭嗣同都是从"性善论"的角度解释了君权的起源，而严复则从"性恶论"的角度提出了他的君权起源说。他在《辟韩》中对韩愈的"君权神授"论进行了批判。韩愈在《原道》一文中鼓吹君主是天生的圣人，是上天为保护人民而安排的。因此，没有君主，人类就会灭亡。严复反驳说：君民关系的产生不是什么天意，而是出于不得已。因为社会上总有一些人不肯自食其力而只想不劳而获，这就产生了相欺相夺、强梗患害的事情。因此，老百姓只得"择其公且贤者，立而为之君"，并拿出十分之一的劳动成果来供养他，让他专门从事铲除强梗、防备患害的工作。这样就有了君，君又制定刑（法律），设立兵（军队）。所以君臣、法律、军队"皆缘卫民之事而后有"。

上述维新派对"君权神授"论的批判和对君民关系的论述，明显带有西方近代启蒙思想家所宣传的

"社会契约"论的色彩。从"国家起源"论的角度来看，这些观点无疑是历史唯心主义的。然而这些观点对专制君权的否定却是彻底的。在此基础上，维新派又对君主专制的另一理论基础"君权至上"和"君权神圣不可侵犯"进行了批判。他们都认为，正因为君主是人民公举为人民办事的，那么权力就应该属于人民，只是人民将权托付给君主，让其执行罢了。因此，康有为说君主"为众民所公用"，是"代民司理"；谭嗣同认为"君末也，民本也"；严复则干脆说"王侯将相者，通国之公仆隶也"。这些观点都是对传统的"君权至上"、"君尊民卑"观念的彻底否定。他们还进一步指出，既然君主是民选出来为大家办事的，又是大家供养的，那么，如果君主不能为民办事，或办不好事就应该推翻。康有为认为君主的权力应"视民所举废"，"失职亦当去"。如有侵吞人民财产的，就应该"斥逐"。如果残害虐杀人民的，甚至可以杀掉，就好像英国人民处死国王查理一世，法国人民处死国王路易十六一样。谭嗣同也明确指出：既然君主是民"共举之，则且必可共废之"。如果像桀纣一样的暴君则人人可以杀掉他。正是基于这样的认识，他对太平天国"苦于君害，铤而走险"，以及法国大革命"誓杀尽天下君主"表示同情和理解。这些激烈的言论，无疑是对"君权神圣不可侵犯"的传统说教的彻底批判和否定。

批判了封建君主专制制度，维新派又大力宣传资产阶级的"主权在民"和"天赋人权"思想，作为他们改革中国政治制度的理论基础。康有为借助于卢梭的天赋人权论、基督教的原始平等观以及孟子的"性善论"来论证他的民权理论。他认为人是天下万物中最尊贵的，人天生就具有自己的权利，"天赋定理人人得之，人人皆可平等自立"，因此，每个人的自由、平等、参政的权利是天赋的，任何人都不能剥夺，而"非君所得私有也"。他又说，人人都是天生的，都是天民，在天面前，"人人皆独立而平等"。同时"人人性善"，"人皆可以为尧舜"，也就人人可以为圣人，为君主。梁启超也认为，"人人有自主之权"，因此，应该人人"各尽其所当为之事，各得其所应有之利"，也就是说每个人都有自己的义务，也有自己的权利。只有做到这一点，天下才能太平。他们试图按照这种理论来建立一种新的政治制度。

按照"主权在民"、"天赋人权"和人人平等的理论，理应得出的结论是建立一个人民真正当家做主的民主共和国。实际上，大部分维新派人士都曾提出过这样的主张。梁启超认为建立民主共和是历史发展的必然趋势；谭嗣同则主张"废君权，倡民主，变不平等为平等"；严复也曾将"自由不自由"作为封建君主专制国家和资产阶级民主国家的根本区别，主张最终实现"民之自由"的民主国。然而他们在维新运动中提出的政治改革的方案却是建立君主立宪的国家。这除了对封建顽固派的强大势力缺乏反封建的足够勇气，对清王朝的所谓"圣明君主"存在幻想，对人民群众的力量不敢相信和依靠等原因外，更有其理论上的依据。

　　首先，他们认为民主和民智是紧密相关的，没有高度的民智，就不能实现真正的民主。而当时的中国"民智未开"，老百姓的文化水平太低，文盲充斥，没有政治觉悟，甚至是根本不开化的状况。如果在这种情况下委政于民，一定会发生暴乱。因此，要兴民权，迫切的问题是先开民智。在这方面，他们既对人民群众表示了蔑视，又对本阶级的能力缺乏信心，因而将"开民智"的希望寄托在君主和官僚的身上。严复以所谓"圣明君主"的口吻说："吾之以藐藐之身，托于亿兆人之上者，不得已也，民弗能自治也。"这样君主又成了救世主。只有依靠君权，才能"鼓民力、开民智、新民德"，最终才能实现民主。而梁启超则更是提出"借君权—兴绅权—开民权"的民主实施公式，也就是借助于君主的权力开绅智，兴绅权，然后官绅通过办报，办学堂，开学会来开民智，最后达到开民权的目的。维新派认为实现民主必须有较高的国民文化素质和政治素质的观点应该说是合理的。然而，他们把开民智，提高国民素质的希望寄托在封建君主和官绅身上只是一种幻想，这也只能使他们的政治理想停留在君主立宪的水平上。

　　其次，维新派主张实现君主立宪也是基于他们的庸俗历史进化论。康有为在《孔子改制考》中改造了公羊学派的三世说来附会西方传来的历史进化论。他认为人类社会从据乱世到升平世到太平世就是由君主专制到君主立宪到民主共和的过程。梁启超提出的"三世六别"说，谭嗣同提出的"两三世"说都有类似的观点。一方面，他们都肯定了民主政治是一种历史趋势；另一方面他们又认为，从君主专制到民主共和，中间必须经历君主立宪的阶段，这一阶段是不可逾越的。因此，他们认为政治改革必须循序以进，"不可期之以骤"。这种历史进化论决定了他们在戊戌维新中只可能提出君主立宪的政治构想。

在维新派人士设计的君主立宪国家里，必须是"立行宪法，大开国会，以庶政与国民共之，行三权鼎立之制"。在这种国家制度下，"以国会立法，以法官司法，以政府行政，而人主总之，立定宪法，同受治焉。人主尊为神圣，不受责任，而政府代之"。这种体制为君主保留了一种有限的特殊地位。正如恩格斯在评价英国君主立宪制度所指出的那样，这是维新派对人类自身恐惧达到最高点的产物。他们对君主专制政体、贵族专制政体和民主共和政体都感到可怕，就提出了这样一种既为资产阶级争得了权力，又保存了君主贵族利益的政体。毫无疑问，这体现了维新派向封建势力妥协的一面。然而，这种政体毕竟属于资产阶级性质。在这种政体下，君主只是一个虚君，国家权力由国会、法院和政府行使，三者互相制约，都受宪法限制，这些都符合资产阶级国家学说中的宪政、代议制和三权分立原则。我们可以指责维新派由于时代、阶级和理论基础的局限不得不对君权作出的让步，但是不能否认他们对封建君主专制制度的猛烈冲击和对西方资产阶级民主制度的仰慕和向往——这正是"冲破君主之网罗"口号的本质含义。

❽ 维新派反封建纲常、倡人性解放的伦理思想

封建伦理纲常是封建君主专制的精神支柱。维新派在政治上展开对封建专制主义批判的同时，喊出了"破除九界"和"冲决伦常之网罗"的口号，对封建伦理纲常进行了批判，并宣传了资产阶级人性解放、自由、平等、博爱的思想。

康有为认为："人人独立、人人平等、人人自立，人人不相侵犯，人人交相亲爱，此为人类之公理。"从这一人类公理出发，他对封建伦理纲常展开了尖锐激烈的批判。他认为在封建伦理笼罩下，现实世界是一个充满苦难的"大杀场、大牢狱"。他认为现实世界苦难的根源是九界的存在。所谓九界，即国界、级界、种界、形界、家界、业界、乱界、类界、苦界。这实际上就是谭嗣同所说的"网罗重重"。因此，他提出的"破除九界"与谭嗣同的"冲决网罗"有相同的本质含义。在所谓九界中，主要的又是级界、形界和家界。所谓级界，即以君主专制为核心的封建等级制；形界，就是封建的男尊女卑；家界即以父权家长制为特征的封建宗法家族制度。这些实际上包括了封建社会以三纲为核心的伦理道德所调节的主要人际关系。康有为指出，被封建卫道士视为"大经"的纲常名教"非天之所立，人之所为也"。这里的"人之所为"就是指封建统治者为巩固其专制统治而制定"三纲五常"之类

的纲常，并把它神化为上天所立。他认为这些纲常名教"失人道独立之义，而损天赋人权之理"，因此，必须彻底破除和抛弃。他特别指出，三纲五常的核心是"君为臣纲"。统治阶级鼓吹"君为臣纲"是为了维护"君主之专制其国"的等级制度。这种等级制度使君主"鱼肉其臣民，视若虫沙，恣其残暴"。这就造成了社会严重不平等。因此，他主张破除"君为臣纲"为中心的等级制度，实现"人人平等，无有臣妾奴婢，无有君主统领"的大同社会。

谭嗣同也对封建统治者制造三纲五常是为了维护君主专制统治这一本质进行了揭露。他指出，统治者为了"以威刑钳制天下"，就必须制造"钳制之器"。三纲五常正是这样一种"钳制之器"。因此，历代封建君主这样一些"独夫民贼"最喜欢三纲五常的名教，而他们所制定的刑律制度都是以三纲五常为根本，都是为了便于自己的专制统治。这就一针见血地揭露了三纲五常的封建道德与封建君主专制政治体制的本质关系。他说，封建统治者不仅以三纲五常来"制人之身"，而且以它来"制人之心"；它使人们"关其口，使不敢昌言"，而且还使人"锢其心，使不敢涉想"；它正是以"破其胆而杀其灵魂"来控制人民的精神和思想。由此可见"三纲五常之惨祸烈毒"。这些言论又深刻地揭露了三纲五常作为统治者控制人民的"精神镣铐"在毒化人们心灵、摧残人们人性方面的恶劣作用。谭嗣同还把"君为臣纲"作为三纲五常的中心内容来批判。他特别指出，"君臣一伦尤为黑暗否塞，无复人理"。不仅如此，三纲中的"父为子纲"、"夫为妻纲"也是围绕"君为臣纲"而展开。他说："彼君主者，独兼三纲而据其上。"就家庭关系而言，君主的尊亲属见了君主也不能"无拜跪"，甚至连亲生父母见了做君主的儿子也只能称臣称妾，而君主则"无答礼"；在夫妻关系方面，专制皇帝自己"渎乱夫妇之伦"，拥有"多至不可计"的妃嫔，但却偏偏要禁绝他人的夫妇关系，如对阉官的"割势"（阉割生殖器），对宫女的"幽闭"，他痛斥这种行为"其残暴无人理，虽禽兽不逮焉"，就是说君主的不人道，连禽兽都不如。从反对"君为臣纲"出发，谭嗣同还对维护君主独尊地位的"忠"、"节"等封建道德规范进行了批判。他认为"忠"应该是平等的，互相的，下对上应忠诚，上对下也应忠诚。而封建阶级所主张的忠"专责于臣下"是片面的，实质是尊君卑臣愚黔首。特别是对那些"独夫民贼"的君更不能讲忠。对"独夫民贼"的"愚忠"实际上是"辅桀"、"助纣"。而他认为中国封建社会的君都是"独夫民贼"，因此，"三代以下之忠臣"都是辅桀助纣的人。他还坚决反对封建社会为君"死节"的道德观。他认为君、臣、民本来是平等的，绝没有臣民为君主而死的道理。为君而死，是一种本末倒置的愚蠢行为，是一种"宦官宫妾"的奴隶道德。

在批判"君为臣纲"的同时，维新派又对以"父为子纲"、"夫为妻纲"为特征的封建家族关系和夫妻关系展开了批判。康有为从资产阶级的平等原则出发对封建家族制度的"父尊子卑"进行了抨击。他认为父和子都是上天所生，只不过是"托籍父母生体而为人"。因此，子女不是父母私有的。父母和子女之间应该是一种平等的关系。他对"父为子纲"的封建家族制度的黑暗进行了淋漓尽致的揭露。他认为一家人中有不同的意见本来是正常的。但是在封建家庭中，父系家长却凭借自己的宗法权力，"强东意见而从西意见"，要全家服从自己，不服从就称之为"逆"。这种"强合之苦"是封建家庭中最大的痛苦。他还揭露，在宗法关系"脉脉含情"的面纱掩盖下，中国封建家庭表面上是"太和蒸蒸"，而实际上是"怨气盈溢"。"悍妇制姑而绝粒，恶姑凌妇而丧命"，"童媳弱妇，死于悍姑，孤子幼女，死于继母"，"名为兄弟姊妹，而过于故国，名为妇姑叔嫂，而怨于路人"；而且，其"孝友之名"越显赫，其"闺阃之怨"就越厉害，其礼法越严格，其痛苦就越深重。这种对封建家族制度的批判确实是切中时弊、入木三分的。

男女不平等是封建家族制度的一大特点。康有为在抨击封建家族制度下，突出地批判了男尊女卑的封建伦理。在《大同书》中，康有为以"去形界保独立"一部的巨大篇章为反对男尊女卑，主张男女平等而激烈地呼吁。他愤怒地谴责了封建制度对妇女"抑之、制之、愚之、闭之、囚之、系之"，使得妇女不能自主，不能在政府任职，不能当官，不能读书做学问，不能发表言论，甚至不能有自己的名字，不能与外界交往，不能出家门。他认为这种情况是极不合理的，反人道的。他还斥责了那种认为妇女在生理上和智力上都不如男子的荒谬观点，指出，无论男女都是天之所生，同为"天民"就应共受"天权"。而且人之有男女异形是大自然规律所至，而男女在聪明睿智、性情气质、德义嗜欲、身首手足、耳目口鼻、游玩作止、执事穷理等各方面都是完全相同的，"女子未有异于男子也，男子未有异于女子也"。因此，无论从公理方面说还是从事实方面说，"女子当与男子一切同之。此为天理之至公，人道之至平"。而重男轻女，男女不平等是"损人权，轻天民，悖公理，失公益"，不仅"言天理则不平，言人道则不仁"，而且"言国势则大损，言传种则大败"，对国家、社会和人本身的繁衍都是有害的。他主张女子应同男子一样，享受各种权利，一样可以选举、应考、为官、为师、得学位，甚至可以当总统。他认为妇女地位的高低是社会文明程度高低的反映："人道稍文明则男女稍平等，人道愈野蛮则妇女愈遏抑。"《大同书》中这一观点与法国空想社会主义者傅立叶的"妇女解放程度是每一社会中一般解放的天然尺度"的思想有相似之处。这反映了康有为作为一个反封建斗士思想上的敏锐和深刻，其启蒙色彩是非常明显和强烈的。

谭嗣同也对父为子纲、夫为妻纲的封建家庭关系大加鞭挞。他认为：中国封建家庭关系的最大弊病在于"强遏自然之天乐，尽失自主之权利"，结果使"古今贤圣君子，于父子兄弟之间，动辄有难处之事"。在封建制度下，人们视"父为子纲"为"天之所命，卷舌而不可议"。而实际上，父子皆为"天之子"，地位应该是平等的。因此，他激烈地反对"父以名压子"。

在夫妻、男女关系问题上，谭嗣同认为"男女同为天地之菁英"，应该是"平等相均"的。他谴责"夫为妇纲"、"重男轻女"是"至暴乱无礼之法"。他为封建社会广大受欺压凌辱的妇女鸣不平：女婴一出生就受到"溺女之习"的威胁；稍长又受到"穿耳"、"缠足"等"毁其肢体"的"酷毒"；出嫁后又受到夫家的虐待，男子可以"姬妾罗侍"，"放纵无忌"，而女子一追求正当的性爱就视为死罪，把并无感情的男女"强合"在一起本来就是不道德的，而丈夫还要"自命为纲"，对妻子不当人看待，这对妻子是极不人道，极端残忍的。他认为广大妇女受压迫凌辱的地位是根源于自秦汉以来的封建礼法和宋明理学：秦代于会稽山刻石立下禁止妇女再嫁，不准妇女"淫乱"的暴法，而宋代理学家又大力发展这种"暴法"，制造了"饿死事小，失节事大"的胡说，使妇女更加痛苦，家庭就成了妇女受非刑的牢狱。这种对封建礼法和宋明理学的揭露和批判是非常有力而又深刻的。

在严厉地批判封建的纲常伦理的同时，维新派又大力宣传西方资产阶级的个性解放、自由、平等、博爱的伦理观。康有为在其自然人性论的基础上提出了人道博爱的伦理观。他反对将人性的"善"与"恶"看作是一种先验存在的普遍形式，认为"善"与"恶"都是后天形成的，即所谓"入至人界，始有善恶；不入人界，无善恶"。而且，人的善恶是随着历史阶段的不同而具有不同的内容。他肯定了人的自然性，认为人的正当情欲是天生的，人人都有"去苦求乐"的本性。因此，能否满足人们的正当情欲，能否使人"去苦求乐"就成为衡量社会政治好坏、善恶的伦理标准。从这一点出发，他猛烈地抨击了"存理灭欲"的封建正统观念。康有为还认为既然人的自然情欲是人的本性，而性的善恶并不取决于一种先验的规约准则，那么，人在自然本质上就应该是平等的，都具有同样的气质、欲求和权利。皇帝和庶民、君子和野人并没有先天的差异和不平等。因此，"凡人亦可自立为圣人"，"人人皆独立而平等"。这样，从自然人性论合乎逻辑地推出了天赋人权的资产阶级平等思想。同时康有为又认为"仁"和"不忍人之心"如同"电"和"以太"之于万事万物，是人心固有的。"仁"和"不忍人之心"的发挥就形成"博爱之德"，导致"人道之仁爱，人道之文明，人道之进化"。在这里，他把"仁"和"不忍人之心"看作文明发展、社会进步的最终动力，无疑是一种唯心史观。然而作为一种道德理想他试图说明的是大同世界那种"博施济众，爱人利物"的博爱主义道德准则，并把它与造成现实社会各种苦难的不平等制度相对比，其资产阶级人性论的性质是显而易见的。正因为如此，梁启超将康有为的这种思想称为"博爱派哲学"。

谭嗣同也主张自然人性论，由自然人性论出发他对封建禁欲主义进行了批判，并形成了他的"仁—通—平等"的资产阶级平等伦理观。他认为"仁"也就是"以太"是万物的本源，而"以太"即"性"。这里的"性"是人的自然本性。他指出世上不存在先天的独立于"仁"或"以太"之外的所谓义理，也就不存在绝对的善恶道德标准。支配人类和万物的自然规律或法则——"仁"就是衡量善恶的标准，符合它的是善，违背它的就是恶。而"人欲"是人的天性，是符合"仁"的，因而"人欲"本身就是"天理"，"天理"存在于"人欲"之中。这就充分肯定了人们追求现实利益和幸福的正当性，是对宋明理学"存天理，灭人欲"说教的彻底否定。谭嗣同还认为"仁以通为第一义"，而"通"的表象就是平等。从"仁—通—平等"的公式出发，他提出要打破"四不通"，即上下不通、中外不通、男女内外不通和人我不通，而代之以"四通"，即上下通、中外通、男女内外通和人我通。只有这样才能消灭现实世界的一切差别矛盾，从而实现彻底的平等。这种观点反映了资产阶级追求自由、平等、博爱的要求，也是谭嗣同提出"冲决伦常之网罗"的理论依据。

可以与康有为的"人道博爱"和谭嗣同的"仁—通—平等"思想相提并论的是严复提出的"人贵自由"，"自由为体，民主为用"的自由观。这种自由观与他的历史进化论紧密相连。他认为人与自然界万事万物一样，一产生就为着自身的利益而自我奋斗，与他人竞争，唯有如此才能生存并不断进化、发展，否则就会被淘汰而归于灭亡。因此，自由是人们天赋的权利，是人类进化、发展的先决条件。他说：上天产生人类，给予了各种各样的权利，而只有得到自由的人，才能全部接受这些权利。人们能够各自有利于自己，也必须从得到自由开始。这样，他站在资产阶级个人主义立场上，把个人自由、自由竞争看作资本主义的本质。在此基础上，他认为：民主政治只不过是个人"自由"的产物，而个人自由则是民主的终极目标和本质，这就是所谓"自由为体，民主为用"。这一思想是对资产阶级民主主义思想的深化，对反对封建专制主义和伦理纲常，提倡个性解放具有十分重要的意义。

有人曾这样高度评价资产阶级维新派的自由、平等、博爱思想，认为"严复的'自由'、谭嗣同的'平等'、康有为的'博爱'，完整地构成了当时反封建的启蒙强音"。我们觉得，还可以这样认为：康有为的"博爱观"、谭嗣同的"平等观"、严复的"自由观"成为戊戌维新运动中伦理道德哲学近代化的重要表现，同时也标志着近代中国资产阶级启蒙思潮就其理论体系的完整性和深刻性而言，已经大大超过了其前驱。

4 维新运动中的哲学启蒙

政治上、文化上和道德领域的反封建斗争，必然在哲学思想上反映出来，同时也为维新思想家进行更深层次的理论思考提供了动力。而19世纪西方自然科学和各种哲学思想的传入也为维新派批判封建传统哲学，突破旧的思维方式提供了思想武器和理论养料。于是，维新运动中，在哲学思想领域出现了对传统哲学进行改造和突破的趋向。这在哲学本体论、认识论和历史发展观等领域都有所表现。

在本体论方面，维新派大都从中国传统的"元气论"出发，引进西方近代物理学的"以太"和"星云"假说，形成了具有近代机械唯物主义特征的本体论学说。康有为的本体论是从沿袭传统的"元气"说开始的，但他力图用近代自然科学知识对"元气"说加以新的诠释。1886 年，他就接受了康德和拉普拉斯的"星云"假说，并以此来附会中国传统的"元气"范畴。他说："德之韩图（康德），法之立拉士（拉普拉斯）发星云之说，谓各天体创成以前，是朦胧之瓦斯体，浮游于宇宙之间，其分子互相引集，是谓星云，实则瓦斯之一大块也。"在他看来，星云也就是一团元气（瓦斯），而天地万物都是由这种元气所产生。他认为：元气构成了天，经过长期的摩擦，产生了热重力和光电，"原质"也就演化而成。在此基础上形成了太阳、地球，而地球上又生成了万物。这样，传统的"元气"论经过一番近代自然科学的论证而赋予了新的意义。他还用"星云"说来解释天体运动，认为宇宙间的星云团有 16 万，而太阳系所在的银河系只是 16 万星云团中的一个。这样，他不仅怀疑康德的上帝存在说"无验证可证"，还直接否定了宋明理学的先验之理的存在："凡物皆始于气，既有气，然后有理，生人生物者，气也。朱子以'理在气之前'，其说非。"

谭嗣同则是接受了 19 世纪后期西方近代物理学的"以太"概念来构建他的哲学本体论。"以太"（Ether）在希腊文中为燃烧、点火之意，以后被西方科学家作为一种传播光的媒介的极细微物质而加以探索和研究。尽管后来的科学研究否定了"以太"假说，但在 19 世纪末的中国，"以太"说还是一种颇为新颖的自然科学概念。1895 年，谭嗣同写成《以太说》一文，试图用自然科学成果来充实他的哲学本体论。他认为，"以太"是"原质之原"，它是"凝结"为有机界和无机界的一种最小的分子。这种构成物质的最小分子是"不生不灭"的，任何物质无论变换成任何形态，"以太"总是存在的。他还认为，天体之能运行，太阳系之能形成，光、声、热、电、风、雨、云、露、霜、雪等自然现象之能出现，无不根源于"以太"。即使是天地之精华——人类也是由"以太"生成物质，物质不断进化而生成的。人有脑气筋（神经），从而产生知觉，这也不过是因为人的身体"竟是一副绝精巧之机器"。这样，从"以太"说出发，谭嗣同完成了对物质多样性的统一性的论证。

康有为和谭嗣同都试图用近代西方自然科学来构建自己的哲学本体论。但他们对近代自然科学的了解和掌握毕竟是肤浅的，加上他们没有摆脱中国传统哲学思维模式的束缚，从而使他们哲学本体论的近代唯物主义色彩大大地打了折扣。尤其是在社会观方面，最终回归于唯心主义的藩篱。康有为在以自然之"电"比附物质自身运动时，把"电"说成一种"神"和

"知气"，导致了"物质有知论"。他认为"知气"和"灵魂"就像"电"一样，存在于任何物质之中，"无物无电，无物无神"，"光电能无所不传，神气能无所不感"，因此，任何物质都是有"知觉"的。这样就混淆了物质和精神的界限，结果不免用精神现象来说明自然现象。同时，康有为还受陆王心学的影响，用"电"、"以太"来简单地比附为人心所固有的所谓"不忍人之心"，认为"不忍人之心，仁也，电也，以太也，人人皆有也"。这样，不仅否定了主观与客观的差别，甚至最后以主观精神吞没了客观物质世界，陷入了"天人同气"、"物我一体"的主观唯心主义泥坑。

同样，谭嗣同也将"以太"与"仁"、"心力"进行简单的比附，在强调"以太"与"仁"体用一致的同时，又把"以太"混同于精神性的"心力"，认为"以太"、"电"就是"心力"，天地万物都可以由"心力"而"成之，毁之，改造之"。它的力量是天地都无法比拟的。这种"心力论"固然有高扬心灵，强调精神解放和思想自由以"冲决网罗"的积极作用，但它却严重模糊了"以太"的物质性，从而使他不能将唯物主义的"以太"论坚持到底。

与康有为、谭嗣同相比，严复对西方近代自然科学和资产阶级哲学接触和了解更多。特别是他更善于把古今中外学术相互印证，开创了一种探究哲学的新风。在哲学本体论方面，他根据其所能掌握的自然科学知识，如牛顿的力学理论，达尔文的进化论和无神论，康德的星云说，形成了不同于我国古代朴素唯物主义而具有近代机械唯物主义思想特征的自然观，奠定了近代中国资产阶级启蒙哲学的理论基础。

严复引用了牛顿的力学运动规则来论证世界是物质自身的运动。他认为宇宙之内，物质及其运动中的能量是统一的，相互作用的。"非质无以见力，非力无以呈质"，也就是说，没有物质就不能显示运动的能量；没有运动能量就不能显示物质的存在。这就是他的所谓"质力相推"的自然观。根据这种自然观，他认为世上万事万物都是物质的和运动的。物质在其运动过程中不会被消灭，即所谓"自强不息"；而物质形式的转换也是本身自我发展的结果，即所谓"凡动必复"。他还以康德的"星云说"来论证自己的观点，认为宇宙的起源和演变就是"质力杂糅，相剂为变"的结果。宇宙间最初为一团星云，这时运动中的抵力（原动力）大于吸力（引力）。在运动中，吸力不断增强。在吸力的作用下，星云的"质点""各各聚质"，逐渐形成了太阳和太阳系的行星，地球就是这些行星中的一个，在物体"凝结"的过程中又散发出能量，于是产生了热、光、声、动等运动形式；当该物体的能量耗尽时，这个物体消失了，而其质点又形成了其他的存在形式。这样不断地"聚质"、"散力"，从而形成了无穷无尽的物质运动。这就是"天演"的原则。这样，他就彻底否定了"上帝"、"先天之理"等造物主的存在。严复还根据达尔文生物进化论的观点，认为人类的产生与世界其他物体一样，都是物质世界不断运动发展的结果。生命的原基即"质房"也就是细胞。由于细胞有"含生蕃变之能"，它不断进化，就形成了生命。生命又不断演变进化，而形成了人类。因此，他断言：基督教认为上帝捏土创造人类的说教"必不可信"。

固然，严复的本体论也有其局限性，即把人类社会看作一种机械性的物质运动，从而不可能揭示社会的本质和社会发展的客观规律。但与康有为、谭嗣同的本体论比较，其包含的近代自然科学知识更多一些，近代化的色彩也更明显一些。这也是我们将严复的哲学看作中国近代资产阶级启蒙哲学形成标志的原因之一。

在认识论方面，维新思想家们也开始运用西方资产阶级的科学方法论，对中国传统的唯心主义先验论进行了批判，从而形成了带有明显唯物主义经验论色彩的认识论思想。这突出表现在严复的哲学思想中。严复接受了西方资产阶级唯物论者洛克的"白板"说，穆勒和耶芳斯的逻辑方法论，对以陆王心学为代表的唯心主义先验论展开了批判。他认为人的认识分为"元知"和"推知"。"元知"即感性认识，"推知"即根据"元知"而"推演"的理性认识。知识的开始来自于"元知"，根本就"无所谓良知"。他指出，陆王心学的"良知"说就是西语里讲的"阿普黎阿黎"（a priori）即先验论。这种先验论"不察其事，执因言果"，"闭门造车"，"向壁虚造"，是一种脱离客观的"心成之说"。根据这种"心成之说"，必然得出错误的认识。

在批判陆王心学唯心主义先验论的同时，严复坚持了唯物主义的认识路线。他在《救亡决论》中说：凡是阐明一种理论或建立一条法则，首先必须将其与客观事物比较，经过客观事物检验证明是普遍正确的，然后才能确定下来；检验中所依据的客观事物越多，其适应性就越广，其收效也就越稳定和持久。这一观点实际上反映出一条由客观事物到感觉经验到理性认识的唯物主义认识路线。从这一观点出发，严复主张"以宇宙为我简编，民物为我文学"，即以客观世界为认识对象，从"读无字之书"开始学习。

严复之所以能较深刻地揭露唯心主义先验论并坚持唯物主义经验论，与他接受了西方近代自然科学研究方法分不开。他在翻译《穆勒名学》和耶芳斯《名学浅说》过程中接受了他们的逻辑方法论，尤其是"内籀"和"外籀"的方法。所谓"内籀"就是"归纳"的方法，即"察其曲而知其全者也，执其微以会其通者也"。也就是指考察许多特殊的事例而归纳为一般公理或公例的方法。所谓"外籀"就是"演绎"的方法，即"据公理以断众事者也，设定数以逆未然者也"。也就是指依据已知之公理判断各种特殊之事例的方法。严复强调二者互为表里。从实际经验出发，通过归纳，作出结论，然后又加以演绎；而演绎出发的大前提必须是由归纳得出的科学结论。他指出，中国传统旧学正是因为没有运用这种方法或者使用不当，因而"大抵心成之学"。这就是旧学多错误，于国计民生无用的根本原因。严复的这种认识方法是一种比较成熟的唯物主义经验论，其近代化的色彩是比较明显的。尤其可贵的是，他从这种方法论出发，对传统宋学的"读书穷理"和汉学的"训诂注疏"等方法进行了彻底的否定，使他这种方法论成为反对封建旧学，提倡近代西学的理论基础。

在历史发展观方面，维新派哲学思想最突出的特征是接受了西方资产阶级的进化论，从而形成了具有鲜明近代特征的历史进化论哲学思想。梁启超曾说过，康有为的哲学是"进化派哲学"。这一评价应该说也适用于整个维新派的哲学思想。

康有为借用了中国传统的公羊三世说来阐述他的历史进化论，认为人类社会是由"据乱世"经过"升平世"向"太平世"的发展过程。但他的三世说完全不同于公羊学家那种历史循环论，从"据乱世"经"升平世"向"太平世"的发展，并非只是封建王朝的更替，或封建王朝治乱盛衰的循环，而是从封建君主专制经资产阶级君主立宪制最后向资产阶级民主共和制发展的过程。受他的影响，梁启超和谭嗣同都提出了有着大致相同内容的历史进化论，如梁启超的"三世六别"说，谭嗣同的"两三世"说。他们都认为从君主专制经君主立宪最终向民主共和发展是人类社会进化的趋势。

康有为、梁启超、谭嗣同的历史进化论都借用了"公羊三世"说的思维形式，并糅合了《礼记·礼运》中的"大同"、"小康"学说和《周易》卦辞中的一些内容。但他们都明显接受了西方进化论的影响，都强调了变化是事物发展的必然法则，自然界如此，社会界也如此，而变化的趋势是新代旧，新胜旧，新生事物必然战胜旧事物。康有为主张"善变以应天"，反对"不变而逆天"，就是将"变"看作客观的规律。他还认为"物新则壮，旧必老；新则鲜，旧必腐；新则活，旧必板；新则通，旧则滞"是事物发展的规律。梁启超则提出"变者，古今之公理"的命题，认为天地万物，人类社会都处在不断的发展变化之中。谭嗣同更提出"日新"的命题，认为万物的不断变化，自我更新"新之又新"是事物发展的普遍法则。他还特别指出社会的不断变革是"事势所必要"。所有这些，都成为维新派提出维新变法主张的理论依据。

如果说康有为、梁启超、谭嗣同的历史进化论还不可避免地带有浓厚的传统色彩的话，严复的历史进化论则更具有近代的色彩。他在译述《天演论》时介绍了达尔文"物竞天择"的生物进化论，同时也接受了斯宾塞的社会达尔文主义。他认为，"物竞天择"的进化规律同样适用于人类社会。人类社会也必须"竞争生存"，不适应这一规律的就将被淘汰，只有"最宜者"才能免于淘汰，并不断得到发展。他批驳了赫胥黎关于人类有"善相感通"的天性，可以相爱互助，团结"保群"，因而"物竞天择"不适用于人类社会的观点。他认为，所谓人类的"善相感通"的同情心，相爱互助的团结保群品性是人类进化的结果。正因为有"天演之事，将使能群者存，不群者灭，善群者存，不善群者灭"，这样，人们才产生"善相感通之德"，才会团结起来保群。因此，严复对斯宾塞的社会达尔文主义给予了很高的评价。

然而，斯宾塞的社会达尔文主义是帝国主义推行殖民主义政策的理论依据，就其本质而言，是与严复要求救亡图存的爱国思想极不协调的。因此，严复尽管同意斯宾塞的"物竞天择"、"弱肉强食"的社会达尔文主义，但又试图用赫胥黎反对社会达尔文主义的观点对斯宾塞的理论加以补正和修改。他认为对"物竞天择"的规律不能听之任之，应该积极地加以干预。也就是要用赫胥黎的"与天争胜"的方法与"物竞天择"、"弱肉强食"的社会现象作斗争，这样，他既不完全同意赫胥黎将社会伦理与进化论完全对立的观点，也不完全同意斯宾塞"任天为治"的观点。这似乎是矛盾的，但却是严复从挽救当时中国面临的严重民族危机出发，对西方资产阶级进化论所作的合情合理的修正。他强调"物竞天择"同样适用于人类社会的观点是为了把国人从天朝上国和夜郎自大的迷梦中唤醒；而他反对"任天而治"，主张"与天争胜"又是为了鼓起国人的民族自信心，不要自甘于劣等民族而坐以待毙，应该为挽救民族危机而团结保群，维新变法。这正是他宣传"物竞天择、适者生存"的进化思想的真实动机之所在。在这一点上章太炎作出了中肯的评价："自严氏之书出，而物竞天择之理，厘（改变）然于人心，中国民气为之一变。"

严复的这种历史进化论当然不可能是一种科学的历史观，在实践上也必然导致否定暴力革命——这是当时维新派宣传的历史进化论共同的致命弱点。然而，严复的历史进化论毕竟以其发聩震聋的启蒙作用唤起了几代资产阶级、小资产阶级知识分子的民族意识和爱国热情，给人们带来一种前所未有的崭新的世界观和人生观。这也正是严复被称为中国近代最重要的启蒙思想家的主要原因。

上述资产阶级维新派的哲学思想就其整体而言，还没有达到近代西方哲学那样成熟发展的水平。但就其发展趋势而言，无疑是具有近代化和启蒙的意义。因此，可以说，戊戌维新时期是中国近代资产阶级启蒙哲学的形成时期。

三　辛亥革命前后近代启蒙思潮的发展

　　资产阶级维新派虽然提出了"冲决网罗"的口号，然而政治上的懦弱和幼稚使他们不可能真正冲决封建主义的网罗。戊戌六君子的鲜血不仅宣告了他们所进行的政治改革运动的失败，也宣告了中国近代启蒙思潮在封建思想文化面前暂时败下阵来。但是，历史的曲折毕竟无法改变其前进的趋势。维新运动的失败并没有中止资产阶级为实现自己阶级理想而进行的斗争。20世纪最初10年，资产阶级革命派以不同于维新派的一种崭新的姿态登上了历史舞台。他们进行的反封建民主运动导致了中国近代历史舞台上更为壮观辉煌的一幕——辛亥革命的爆发。作为这一革命运动的思想准备和理论先导，资产阶级启蒙思潮在戊戌思潮的基础上得到了进一步的发展。

1　资产阶级革命派对封建思想文化的批判

　　与戊戌启蒙思潮一样，辛亥启蒙思潮首先也表现在对封建思想文化的批判方面。1903年，有人在《国民日日报》上撰文深刻地揭露了封建思想文化和封建专制统治的关系："三代以后之政体，皆君权最重之时代也，皆伪朝也；三代以后之学术，皆文祸最重之时代也，皆伪学也。非伪学则伪朝不能兴，非伪朝则伪学不能保。"因此，不彻底抛弃封建思想文化意识，天下就永无宁日。革命派还将批判封建思想意识与反封建君主专制、争取民族独立的政治革命联系在一起，认为"欲脱君权、外权之压制，则必先脱数千年来牢不可破之风俗、思想、教化、学术之压制"。这样，就把反封建思想文化的思想解放作为政治革命、民族革命的先导。因此，革命派出于反封建革命的需要，从各方面对封建思想文化中的儒家学说、三纲五常等进行了激烈的批判。

三纲五常是封建伦理道德的核心，也是宋明以来儒家思想的主体。资产阶级革命派对这一束缚广大人民群众的思想枷锁进行了严厉的抨击，其激烈程度大大超过了戊戌期间的维新派。他们认为三纲五常是为专制统治作辩护的工具，是剥夺人权、培养奴隶的蟊贼。三纲"钳缚其臣民，钳缚其子弟，钳缚其妇女"，是"出于狡者之创造"，是以虚伪道德的迷信统改来维护封建君主和封建家长的强权，因此，三纲完全是一种与"科学真理"相反的"宗教迷信"，是与"平等"相对的"强权"。正是因为有三纲五常之说，才养成国人如此根深蒂固的奴性。

革命派正确地指出，三纲的核心是"君为臣纲"，

"父为子纲"和"夫为妻纲"都是为了维护君主神圣不可侵犯的权威。在"君为臣纲"的专制君权下，"君要臣死，不得不死"，因此，专制君主每天杀人也不为过错。革命派愤怒地质问：君主也是人，为什么能单独享有这种"特权特利"呢？他们认为这是因为君和臣是"野蛮世界"的代表，君主"据强权而制服他人"，而臣则"持君之名义威权而制服他人"，君和臣都是这种"日日杀人不为过"的祸首。因此，不光要废除"君为臣纲"，而且"君与臣皆当除灭"。

同样，仁义礼乐这些封建道德规范也是为封建专制统治服务的。革命派揭露说：所谓圣人造出仁义礼乐等道德规范防止人民"犯上作乱之事"，平息"人人自由之言"。对老百姓"压以仁义礼乐"，正是为了维护专制君主的"盗贼猛兽之所为"。革命者对历代统治者鼓吹的"仁政"进行了揭露和批判，认为统治者在实行非常残暴统治的同时宣扬所谓"仁政"，就好像在"尸如陵，血如渠"的屠城后宣布"封刀"，是在对人民施加"淫戮"使之产生恐惧以后再"加以小惠"。其目的同样是为了维护暴虐的专制统治。因此，在封建君主专制统治下，"大道废然后有仁义，自由死然后有仁政"。这就一针见血地揭露了"仁政"的专制本质。

同时，革命派还对封建纲常礼教的虚伪性进行了揭露，认为"专制之国莫不以虚伪为元气"。所谓"仁"就是统治人民的代名词；所谓"礼"就是束缚自由的代名词；所谓"圣"就是君主独尊的代名词；

所谓"忠"就是顺民奴隶的代名词；所谓"孝"就是割股埋儿等愚蠢行为的代名词；所谓"节"就是焚身殉葬的代名词。所有这些被统治者鼓吹为大善大德的纲常礼教背后都是血淋淋的残酷暴行。在这种虚伪礼教下，统治者"日日言五帝三王而淫虐愈甚，日日言治国平天下而糜烂愈甚"。这些言论淋漓尽致地揭露了仁、义、礼、节、忠等道德规范掩盖下的封建专制统治的残暴和淫虐，对唤起广大人民群众的反封建意识和觉悟具有重要的启蒙作用。

革命派还对三纲五常所规范的封建家族制度进行了抨击。他们认为封建的家族制度是封建君主专制制度的副产品，家长的权力"实如第二君主"，父亲对儿子也是一种专制统治。他们揭露说，强调对父亲的绝对服从，主张盲目的"孝亲"，其根本目的是为了"忠君"，即所谓"求忠于孝子之门"。针对造成"个人之不自由"的封建家族制度，革命派喊出了"家庭革命"的口号，主张家庭中父子、夫妇、男女都应该平等。在一篇题为《三纲革命》的文章中，他们从义务和权利的对等性来论证家庭关系的平等性："子幼不能自立，父母养之，此乃父母之义务，子女之权利；父母衰老不能动作，子女养之，此亦子女之义务，父母之权利。故父母子女之义务平，权利等，故父母之于子女，无非平等而已。"他们把这种以父子平等为核心内容的"家庭革命"与"民族革命"、"政治革命"联系起来，认为有"民族之思想者，必不肯受家族之圈限。则欲为政治上之公民，亦无以全家族之孝行也"。

革命派还揭露了封建纲常礼教对妇女的摧残和束缚，指出妇女是封建社会中受压迫最深的：在家庭受家长、夫权的压制；在社会上受君主专制和封建礼教的摧残。他们指出，在封建礼教下，全国妇女就好像坟墓中的枯骨，"绝无生气"，更有"所谓穿耳刑足之俗"，又把妇女从奴隶变成了玩物。尤其是封建礼教对妇女精神和思想上的禁锢与摧残更加厉害：女孩子还没有离开襁褓，那些三从四德的"谬训"和"无才便是德"的虚妄之言就灌输到她们脑海里；禁止她们识字，剥夺了她们受教育的权利；包办和强迫婚姻耽误了她们的终身；野蛮的缠足损害了她们的躯体；禁止她们与外界交往颓丧了她们的精神。如此种种封建礼教不是摧残妇女身体就是禁锢妇女思想，使无数"大好女儿"成为牢狱中的囚徒，其地位甚至比无知的动物都不如。

革命派特别批判了所谓"三从四德"的封建礼教。他们指出这种"三从四德"完全是一种"培养奴隶之教育"，其目的是要"使女子放弃权利，贬损人格"，绝对地服从"男子万重压制"，"稍有逾越，即刑戮随之矣"。他们分析了这种妇女受"三从四德"压制的经济根源，认为中国妇女"少则待食于其父"，就只能"在家从父"，长则待食于其夫，就只得"出嫁从夫"，老则待食于其子，就只得"夫死从子"。因此，要打破"三从四德"的桎梏，妇女就必须走出家门，争取"自营生计"的独立经济地位。

革命派还把妇女解放与国家民族的兴衰联系起来

考察。他们认为"女子者，国民之母，种族所由来也"。封建社会对于妇女身体的摧残使妇女"运动不灵，血脉停滞，人人皆病夫"，结果"所生儿女亦暗弱夭昏"，"类多病夫"；封建社会剥夺了妇女受教育的权利，子女也就得不到健康正常的家庭教育，从而导致国民素质低下；封建社会剥夺了妇女社会劳动的权利，妇女只能"终日坐食，不能生利"，也造成国家的贫穷。因此，"女权愈振之国，其国愈文明；女权愈衰之国，其国愈衰弱"，要振兴中国，就必须提高妇女地位和权利。另一方面，妇女的政治权利、经济地位以及受教育的机会又必须在反帝反封建的民主革命中才能得到。广大妇女只有自己起来，摆脱封建礼教的束缚，投身于民主革命中来，在革命中"溅热泪，运妙腕，奋一往无前之精神，持百折不回之愿力"，才能争取自身的解放，恢复自己"种种天赋完全之权利"。

著名的近代资产阶级革命家秋瑾在对封建纲常礼教进行激烈批判的同时，提出了比较完整的妇女解放思想。她认为封建的宗法家族制度是妇女受压迫的根源。正是封建的宗法家族制度导致广大妇女没有任何社会地位，被压在"十八层地狱"的最底层，过着"牛马奴隶一样"的生活。她认为妇女解放最根本的在于妇女本身，要做到"非自主不可"，"非学艺不可"，"非合群不可"。"自立"就是要摆脱"男子之范围"，争取人格的独立，自己掌握自己的命运；"学艺"就是要掌握知识和技能，学会"谋生本事"，有独立生活的能力，争取经济上的独立；"合群"就是要组织起来，建立妇女自己的团体。而要做到以上这些，最根本的是妇女要与封建家族制度决裂，投身于民族民主运动，与男子一同担负起反帝反封的革命重担。这些思想无疑是对"三从四德"和"女子无才便是德"等封建说教的彻底否定，为广大妇女投身于政治革命和社会实践，争取自身真正的解放指明了正确的道路。

资产阶级革命派在严厉批判三纲五常和封建礼教的同时，还把批判矛头直接对准儒家学说和儒家创始人孔子。这是戊戌期间资产阶级维新派所未能做到的。革命派将儒家思想称为"腐儒"、"陋儒"，认为它适应了"专制君主之御民"，"束缚臣民之思想，使臣民柔顺屈从，而消磨其聪明才力"的需要。他们还揭露唐宋以来的"道统"之说，认为所谓"道统"是"以尊君抑民为目的"，"名为尊圣道，实则塞人民之心思耳目，使不敢研究公理"。"道统"论者以儒家思想为"宗传"是为了说明"国有正统，家有统系"。所谓"正统之说，足以长君主专制之焰；统系之说，足以启家族专制之端"。说到底，"道统"之说是"有利于专制"的。同时"道统"之说又是一种"学术之专制"，它"阻思想之自由"，把学术限制在"孔教"甚至于"宋学"之范围内，必然阻碍学术之进步。

很多革命党人还直接将批判矛头对准孔子。1908年的《河南》杂志上发表了署名为凡人的文章《无圣篇》。编者加按语说："吾国士夫素崇孔子，莫敢怀疑，故数千年来思想滞阁不进，学术陵迟，至不可救。"把对孔子的迷信作为思想僵化、学术落后的原因。在这篇文章中，作者大胆地提出了怀疑孔子的观点，认为孔子之所以被统治者看重，是因为"其学圆滑"，可以被人利用来达到自己的目的。他的学说是"认君作父"，帮助君主"独夫谋万世之业"。因此，孔子作为一个圣人，也只不过是"专制之圣"。还有些文章也指责孔子是"养育各项奴隶之乳姬"，"如今看起来，也是很坏"，"因为孔子专门叫人忠君服从，这些话都很有益于君的"。革命派还揭露了历代统治者推崇孔子的真实目的，认为封建君主这些"独夫民贼"推崇孔子，"奉以文宣成王大成至圣种种徽号"是为了"收买奴隶"，并利用他们来保守自己的产业。因此，革命派坚决反对尊孔，认为尊孔就是"入了那些独夫民贼的圈套"。

资产阶级革命派还对封建主义的愚民教育和传统学术展开了激烈的批判。他们将数千年来的封建教育斥之为"奴隶教育"，是"卑污狗贱之教育"。这样的教育，只能培养出"无一毫之廉耻，无一毫之感情，无一毫之竞争心"的"天然奴隶"。他们对八股科举制度下士子的"至愚至贱"进行了辛辣的讽刺和无情的揭露：为了得到功名利禄，这些士子"行同窃盗而不以为耻"，"行同妾妇而不以为贱"；只要能考中进士举人，就是断手刖足也在所不惜，而国家大事则充耳不闻。如果有人告之以"国权之放失，异族之竣削，政府之压制，种族之灭亡"，这些士子则"瞠目结舌以为妖言"，或者认为国家大事与己无关。正是这种桎梏人们思想的科举制度和这种"至愚至贱"的读书人，弄得中国到了亡国灭种的地步。因此，要挽救中国亡国灭种的危机，必须彻底清算这种反动愚民的教育制度和科举制度。针对为历代封建统治服务的传统学术，他们也进行了大胆的否定。他们揭露说，学术应该是开民智的，但封建君主这些"独夫民贼"却以中国传统学术来愚民。统治者"取古先儒言论之最便于己者，作一姓机关之学术；利于民者，辟之为邪说"，以此培养一些柔顺的奴隶来供自己控制、役使。因此，革命派断言："中国之学术，为一人矣，而中国无学术。"这种对中国传统学术的大胆否定，反映了资产阶级革命派对封建思想文化的彻底背叛。

② 辛亥革命期间无神论和近代科学思想的传播

封建专制统治者除了大力提倡三纲五常、封建礼教，实行愚民政策外，还利用了封建神权、封建迷信和天命论等精神鸦片来毒害人民。因此，在 20 世纪初年，资产阶级革命派在批判封建思想意识的同时，还大力宣传近代科学思想和无神论思想，以此批判封建神学天命和封建迷信，为资产阶级革命扫除思想障碍。

随着西方唯物主义无神论和近代科学思想大量涌入中国并广泛地传播，资产阶级革命派已经开始意识到唯物主义无神论和近代科学思想与民主革命的关系。1903 年，革命派刊物《大陆》杂志载文介绍了狄德罗和拉梅特里的唯物主义无神论观点，并明确指出无神论有助于资产阶级革命。作者认为，宗教思想对人们起到一种麻痹作用，它使人们不能冲决网罗而去做自己想做的事情，社会腐败也不知去改革，同胞困苦也不知去拯救，只能"苟活于世界，而不能为一豪举，不能尽一义务"。因此，"必破宗教之迂说，除愚蒙之习见"，然后才能使人们认识真理，"卓然独行"而投身于改造社会、拯救同胞的革命事业。而"破宗教之迂说，除愚蒙之习见"，必须借助唯物主义的无神论。革命派特别称颂法国资产阶级革命前，以狄德罗和拉梅特里为首的法国百科全书派的历史功绩，认为宣传唯物主义哲学和近代科学思想的百科全书是"绝大一纪念碑"，是"一时有名之伟著"。它使人们的思想得到解放，从而知道国家、法律的实质和道德上的自由，"信公理而不信真神"。

当时，资产阶级革命派还从实验科学迅速发展的现实出发，得出了唯物主义无神论必然兴盛，而宗教唯心主义必然衰微的结论。他们正确地指出："西人之学，由虚而渐趋于实。"欧洲中世纪时，宗教神学"以其凭空构造之谬论，风靡一世"。然而，自哥白尼的天文学、培根的倡格致之学、笛卡尔的倡穷理之学一问世，西方学界屡生变化，"时至今日，科学大盛而宗教几乎息矣"；"唯物主义昌则唯心主义微，天然之哲学进而为轨范之科学，人道学派进而为实科学派"。这说明革命派已经开始认识到近代科学发展对宗教影响的衰落和哲学思想演变的作用。

鲁迅在辛亥革命前就大力宣传西方近代科学思想。

他在当时革命派的刊物《河南》杂志上发表了一篇题为《科学史教篇》的文章，对西方近代自然科学成就进行了介绍，并热情地歌颂了科学在人类历史发展过程中的作用。他认为，社会的每一个进步和改革"实则多缘科学之进步"，因为科学知识可以向人们展示自然现象包含的深刻道理，使人们认识客观规律，从而推动人们对自然和社会的改革。他主张大力学习西方近代自然科学，并对中国的"死抱国粹之士"拒绝学习西方近代科学表示愤慨。这鲜明地表现了先进中国人追求西方近代科学的愿望。

　　资产阶级革命派用西方近代科学知识对"灵魂不死"的谬论展开了批判。他们认为人的知觉和思想的能力，由人体内的大脑来控制。而大脑之所以有知觉和思想的能力是因为其独特的"体形构造"，即大脑有"叠纹"。人死以后，这一独特的"体形构造"也随之失去作用，大脑的知觉思想能力也"必与其身同死"。因此，"灵魂不死者，尤谬说也"。他们指出，"灵魂不死"论导致人们将追求希望的希望寄托于来世或天堂，而放弃现实的斗争。因此，只有使人们抛弃"灵魂不死"的"谬说"，才能"图此身之幸福"、"图实际之幸福"，从而"堂堂正正，独往独来，图全球之幸福，冲一切之网罗，扫一切之蔽障，除一切之罪恶"。这种用近代唯物论观点来批判灵魂不死的宗教说教的文章，表明了革命派反封建思想的理论深度。它把我国古代朴素唯物主义关于形神关系的论点提高到以近代自然科学为基础的水平。同时它又强调了唯物主义无神论为现实革命斗争服务的战斗性，表明了新兴资产阶级积极向上的斗争精神。

资产阶级革命派用西方近代生物进化论的科学知识来批判宗教的神创论。他们认为，人类是由其他生物经过长期的演变进化而来的，根本就不是所谓神创造出来的。陈天华认为："猴子是人的祖先，人是猴子的后身"，因此，"天主教书上说，'人是由上帝所造'……都是荒唐的话"。章太炎也指出，人是由无机物经过藻类、鱼类、猿猴几个阶段而逐渐进化而来的，"人之始，皆一尺之鳞也"，因此，根本不存在创造人的"上帝"。他进一步指出：所谓"无始无终"、"全知全能"的上帝完全是"人心之概念"，是人们虚构出来的。它既无法由感觉证实其存在，靠推理也不合逻辑，因此，是"无质独影"，子虚乌有的。

革命派不仅否认了神创说的宗教理论，而且对宗教对人们思想的束缚和麻痹作用进行了揭露。有人指出，在欧洲中世纪，天主教盛行，"凡一切之学术悉以宗教为依归"，只要稍微违反天主教的学说，就视为异说，这样就造成了欧洲中世纪的"黑暗之时代"。章太炎也作了相似的揭露，他说："罗马当年，政治学术，何等灿烂，乃用基督教后，一切哲学都不许讲，使人人自由思想一概堵塞不行，以致学问日衰，政治日蔽，罗马也就灭亡了。"因此，他认为无论是"孔教"，还是"基督教"，全都"必不可用"，"欲使众生平等，不得不先破神教"。陈天华对佛教宣传的"佛法天道"进行了揭露，认为什么"佛法"都是人造出来的，根本不可能"救苦救难",如果靠它"那就一定靠不住"。他也主张,对一切外来的、祖传的宗教"一概不信",只有依靠自己的力量才能取得反帝反封建斗争的胜利。

辛亥革命时期,资产阶级革命派对无神论的宣传还表现为对封建社会世俗鬼神迷信的批判。章太炎在其早期著作《訄书》中用近代生物学知识否定了鬼神的存在。他认为人体存在各种化学元素,人死后各种元素发生分解、转化,人所特有的精神也随之消失,因此,不可能有不灭的灵魂,也不可能变成鬼神。1904年的《觉民》杂志也发表了《无鬼说》一文,以近代自然科学成果,力辟"有鬼论"的谬误。作者认为,人死后"目无视,耳无闻,鼻无息,口无张,其体僵,其血冷,其知觉亡",根本不可能变成所谓鬼。他对"有鬼论"者视之为真凭实据的"鬼火"和"鬼声"进行了科学的解释:"鬼火者,磷质之误认物也;磷质者,鬼火之真相也。"磷质是人骨和兽骨中都存在的一种化学成分,人们完全可以将其收集起来使之在黑夜中发光,"岂得谓之鬼火乎?"而所谓"鬼声"也是一种自然现象。风在竹林中穿行可以形成一种异声,或者怪鸟的叫声,或者树木开裂的声音,都可能被人认为是鬼声。其实这些声音在白天也有,只是因为人声喧杂而不可辨认,在夜深人静时,就容易被人听到而误为"鬼声"。这样,文章把有鬼论的两个重要论据都一一用科学知识加以驳斥,既批判了迷信,又宣传了科学,对破除人们的迷信心理具有很大的现实意义。

革命派还揭示了"有鬼论"的危害，认为信鬼神不仅害身家，而且有害于国家。由于信鬼神，有病也不求医，而"求救于神明"，结果"病终不可治"，"人之因此而死者，不可胜言，此信鬼之害身家者也"。由于信鬼神，"凡开矿、运河、筑铁路之大利，皆不能兴，国日以贫，交通因之不便，此信鬼之害全国者也"。特别严重的是：因为信鬼神，整天只知崇拜、祈祷鬼神而不干别的事业，只知寄希望于鬼神偶像而不发挥自己的能力，造成"人心昏昏，国事不理"，势必造成国家的贫弱。这样国家又怎么能富强起来呢？这种把破除鬼神迷信与振兴国家大业联系在一起的思想，也反映了资产阶级唯物主义无神论的战斗性格。

资产阶级革命派还对传统的"风水"迷信进行了批判。1904 年的《扬子江》第二期曾发表《风水论》一文，专门对"风水"迷信进行了驳斥。作者认为"风水"迷信，完全是由于古代"名儒"的鼓吹，文人的附会。特别是朱熹作为"宋学大家"也宣传"风水夺神功，回天命，致力于人为所不及"。这更造成了"风水"之说流毒深远。实际上，"风水"之说根本没有科学根据。作者揭示了"风水"迷信的危害，认为不仅"从风水而废财失业者"比比皆是，而且也是"中国地利不兴，矿藏不启"的重要原因，甚至还造成"中国街市，必故作弯曲"，严重妨碍了交通和商业的发展。最严重的还是造成"民智愚塞"。

资产阶级革命派还把批判矛头对准历代统治者所宣扬的天命神学。他们指出，天命神学是历代封建统治者维护统治的工具，是君主专制制度的精神支柱。历代封建统治者总是宣扬"天命君权"的神话，"假天以治人"，愚弄人民，以维护其帝王万世之业。天命神学还是束缚人民思想的精神枷锁。1903年的《国民日报》上发表的《革天》一文指出：天命论造成人们听天由命的观念。人们凡遇到"不可思议，无可解说之事"，总归之于天意。由于这种天命迷信，因而造成许多"误点"：有的将事情的成功归之于天命，为了得到天的帮助，就借助于符命图谶之类的东西，结果"扰乱天下之安宁"；有的将事情的失败归之于天命，于是就"任意丧志"，不再进行任何努力，这样势必"沮败人群之进步"。总之，天命论造成人们普遍的愚昧和苟安的心理，阻碍人们主观能动性的发挥。因此，革命派对孔子的"获罪于天，无所祷也"、汉儒的"天与经合"、宋儒的"天与道合"等天命论观点一一加以批驳，对刘禹锡和柳宗元的"人定胜天"思想加以赞扬。他们还将"天道"与"人道"相对而提，认为"天命论"崇尚不可知之天道，而沮败当前即是之人道，"中国数千年之坐误于此者多矣！"同时，革命派还认为"天命论"是当时进行政治革命的最大障碍："今者公理大明，人智增进，将冲决无量之网罗，大索同胞之幸福"，而天命论仍"遮蔽"人民的思想，使人民不能尽自己应尽的责任。因此，革命派大声疾呼："天之不可以不革也。革天者，非天之所以为革也，有革之者在也。天革，而他革乃可言矣！"也就是说，只有破除对天的迷信，才能谈得上其他方面的革命。革命派这种"革天"思想的提出，无疑深化了对封建迷信思想的批判，极大地推动了人们的思想解放。

总之，辛亥革命期间资产阶级革命派宣传的无神论和科学思想已突破了朴素唯物主义的局限而达到了近代唯物主义的思想高度。这种思想的广泛传播不仅推动了当时的民主革命，也为以后新文化运动中追求科学热潮创造了必要的条件。

3 辛亥革命期间民主思潮的广泛传播

辛亥革命是以反对清王朝封建君主专制统治为主要内容的资产阶级民主主义革命。资产阶级革命派为了准备这一革命，在辛亥革命前广泛地宣传资产阶级的民主主义思想，形成了中国近代民主思潮传播的一次高潮，其深度和广度都超过了戊戌维新派对民主思想的宣传，并带有鲜明的时代特征。其中重要的特征之一是它几乎完全抛弃了维新派"托古改制"的外衣，也不带有任何宗教神学色彩，具有鲜明的近代性质和政治明朗性。资产阶级革命派公开用"欧洲思潮"武装自己，从西方资产阶级革命时期的武器库里搬来了更多的反封建思想武器。邹容在《革命军》中对民主革命思想的西方来源进行了介绍，他说："吾幸夫吾同胞之得卢梭《民约论》，孟德斯鸠《万法精理》，弥勒约翰《自由之理》、《法国革命史》、《美国独立檄文》等书译而读之也。"他认为能够读到这些书并吸取其民主思想是"吾同胞之大幸"。他们把卢梭等的资产阶级民主共和思想当作福音，把资产阶级自由、平等、博爱学说作为理想，把美国独立战争和法国大革命作为楷模，并以此来反对封建专制主义理论。在这种民主思想的传播过程中，革命派自觉或不自觉地充当了思想启蒙者的角色。

既然推翻封建专制制度是革命派的主要任务，那么，对封建君主专制主义的批判就成为革命派进行革命舆论准备的主要内容。他们除了从历史和现实的角度揭露清朝封建专制统治者对内压迫人民、对外投降卖国的反动本质，以唤起人民对清王朝的仇恨和反抗外，更依据资产阶级的国家、法权学说以及进化论的观点在理论上论证封建君主政体存在的不合理性以及建立民主共和国的必然性。

他们以卢梭的"民约论"来解释国家的起源，认为上古时候没有皇帝，没有官长，人人都是百姓。后来因为事情多了，就需要公举几个办事人出来代全体办事。另外，又由百姓公意，立了几条法律，互相遵守。这样，国家就产生了。到了后来，办事的人弄起权来，靠着拳头大，强占第一把交椅，做了帝王。由于这帝王不是人民公举的，他就不会替百姓办事，只顾作威作福，无所不为，而百姓就没有一点自主权。因此，专制君权是不符合"民约论"的，是应该推翻的。这种对于国家和专制君权起源的认识尽管没有触及其社会经济根源及其阶级实质，在理论上是历史唯心主义的。但它彻底否定了"王者受命于天"的君权神授说，打破了"君尊民卑"的封建观念，无疑是具有进步意义的。

革命派还以进化论的观点否认了封建君主专制存在的合理性，论证了建立民主共和制度的必然性。他们以"物竞天择，最宜者存，万物莫不然"的天演公理，说明"政体进化"，民权战胜君权是历史进化的必然趋势。他们认为："君主专制，政敝而不能久存。"专制君主"欲以一人擅神圣不犯之号，以一姓专国家统治之权"，不仅于情理不顺，而且也不符合历史进化之势。他们引证西方资产阶级的革命史来说明全世界已经进入"全我天赋平等自由"的文明时代，同时也是"独夫民贼尽运之时期"，因此，"二十世纪之天地，盖断不容专制余威稍留其迹"。他们号召人民"要以专制虐政府之血，灌溉自由之树"。也就是说要以暴力革命推翻清朝专制统治，建立民主自由的新国家。他们满怀信心地预言："吾国实有由专制而变为民主之大希望也"，"二十世纪中，必出现一完全无缺之民族的共和国耳"。

辛亥革命时期民主思想的政治明朗性还突出表现在革命派按照西方资产阶级的国家学说为中国设计的资产阶级民主共和国的方案。这是以孙中山为首的资产阶级革命派民权主义思想的核心内容，在中国政治思想史上是史无前例的。早在1894年，孙中山在创立兴中会时就提了"创立合众政府"的主张。20世纪初，他又提出了"建立民国"的主张。1903年邹容在《革命军》中提出了建立"中华共和国"的方案。此后，在同盟会创立过程中以及以后一段时间，孙中山和其他革命党人又对"建立民国"作了详尽的解释，终于形成了一个建立资产阶级民主共和国的完整具体方案。正如孙中山在《中国问题的真解决》中指出的："把过时的满清君主政体改变为'中华民国'的计划，经慎重考虑之后，早就制定出来了。"这一"慎重考虑"的过程，正是革命派学习、研究西方资产阶级社会政治理论尤其是国家学说并对比研究西方各国国家制度和政治制度的过程。这一过程中革命派所阐发的思想在当时是一种非常锐利的思想武器。它对动员人民反对清王朝及其封建君主专制起到了巨大作用，同时对人民思想上的启蒙作用也是不可低估的。

革命派要建立的民主共和国究竟是一个什么样的国家呢？从革命派有关这方面的大量论著、宣言以及辛亥革命后发表的《中华民国临时约法》中可以看出，建立这一共和国至少必须符合以下几条原则。

其一，共和国的主权属于全体国民。"中国为中国人之中国"，"中华民国由中华人民组织之"，"中华民国之主权，属于国民全体"。"凡为国民皆平等以有参政权"。这无疑是对西方资产阶级政治学说中"主权在民"思想的吸收和发挥，也是对中国几千年以来君权至高无上观念的彻底否定。按照革命派的理解，国家是由人民公举几个人出来代表人民办事并根据人民的公意立几条法律而产生的，因此，"国者积人而成者也"，"国者民之国"，"集多数人民，以公同之力之志意，向公同的目的，发公同之行为者，则曰国"。由此看来，国家的主权天然属于人民。建立民主政体，就是恢复人民"天然之权利"。正是在这个意义上，孙中山认为"人民就是政府的原动力"。看一个政府的前途安危如何，"全视民权发达如何"，即国家权力是否真正由"民之所有，民之所治，民之所享"。孙中山还认为民权包括四个方面，即"民有选举官吏之权，民有罢免官吏之权，民有创制法案之权，民有复决法案之权"。为此孙中山和其他资产阶级革命派人士如朱执信都提出了直接民权思想，并将人民主权（政权）与政府权力（权能）加以区别。人民主权即政权是以民意为转移的指挥政府的"原动力"，它具体表现为上述四大民权。这种权力是不可分割、不可剥夺的；政府的权力即权能是为政权服务的，听从人民指挥的一种治权，它是应该分立、分工的。这种直接民权思想和关于权力与权能关系的理论较正确地揭示了政府及其官员应是人民公仆的原则，并含有朴素的民主集中观念的因素，是以孙中山为首的革命派对西方资产阶级"主权在民"思想的发展。

其二，人民享有自由、平等等权利。孙中山一再指出建立一个资产阶级民主共和国"要其一贯之精神，则为自由、平等、博爱"。邹容在《革命军》中也指出："凡为国人，男女一律平等，无上下贵贱之分。""各人不可夺之权利，皆为天授"，并列举了人民享有的各种自由和权利。《临时约法》更是以法律的形式规定了人民的各项自由和权利。值得注意的是：革命派还指出新的资产阶级共和国政府必须"保护人民权利"，"无论何时，政府所为有干犯人民权利之事，人民即可革命，推翻旧日之政府"。因此，他们把颠覆"弊端暴政"之政府，"更立新政府"看作人民"至大之权利"和"人民自重之义务"。这些观点无不体现了近代资产阶级"天赋人权"的原则，突出地表明以孙中山为首的资产阶级革命派不愧为"充满着崇高精神和英雄气概的革命的民主主义者"。

其三，国家权力分配和权力机构设置的五权分立原则。革命派根据政权（人民主权）和权能（政府权力）相互关系的理论，进一步发展了西方资产阶级国家权力分配的三权分立学说，而提出了五权分立原则。孙中山比较了西方各资本主义国家的宪法，认为："各国的宪法，有文宪法是美国最好，无文宪法是英国最好。"孙中山认为"英是不能学"，因为英国宪法三权划分的"界限还没有清楚"，而"美是不必学"，因为美国的宪法虽以孟德斯鸠的"三权分立"学说为根本，三权界限也分得清楚，但随着社会的发展，一百多年前的美国宪法"现在已经是不适用的了"。因此，孙中山按照"三权分立"学说的分权原则和制衡原则，提出了"五权分立"的思想。五权即立法权、行政权、司法权，加上考试权、监察权。前面三权与西方国家"三权分立"的机制一样。所谓考试权，即以考官掌考试选用大小官吏之权。孙中山认为："那官吏不是君主的私人，是国家的公仆，必须十分称职，方可任用。"他认为美国的官吏无论是选举产生还是委任产生都带有很大的弊端。因此，他主张"设独立机关专掌考选权。大小官吏必须考试"，"这法可以除却盲从滥举及任用私人的流弊"。所谓监察权即监察部门独立对国家机关工作人员行使弹劾纠察之权。孙中山认为西方国家由立法机关兼行监督权限，"因此生出无数弊病"。他主张执掌监察弹劾之权的机关"定要独立"，这样才能避免其他国家机关"专制"。孙中山的"五权分立"学说用他自己的话来说，"有因袭吾国固有之思想者，有规抚欧洲之学说事迹者，有吾所独见而创获者"。按照他的意思，前"三权"无疑是"规抚"西方资产阶级"三权分立"学说，考试权和监察权则是"因袭"中国传统的科举制和监察御史制度。但实际上考试权和监察权的独立从本质上来说完全不同于科举制和监察御史制。这不仅表现在这两种权力完全独立于国家元首之外，不像科举制和监御制那样"不过是君主的奴仆"；而更重要的是，它们所体现的原则恰恰是西方资产阶级的"民主"与"法制"原则。用孙中山本人的话来说，是适应了世界政治的两种潮流，即"自由的潮流"和"秩序的潮流"。因此，"五权分立"的理论也是完全体现着资产阶级革命派的革命民主主义立场，同时也是对近代资产阶级国家学说的重要发展。

毫无疑问，辛亥革命前革命派传播的民主思潮中最富启蒙意义的还是"天赋人权"和"自由、平等、博爱"的学说。资产阶级革命派也是将这一学说作为他们进行民主革命的重要指导思想。正如孙中山所说的："于驱除鞑虏、恢复中华之外，国体民生尚当与民变革，虽经纬万端，要其一贯之精神为自由、平等、博爱。"他把"民族革命"（驱除鞑虏）、"政治革命"

（国体问题）、"社会革命"（民生问题）都与"自由、平等、博爱"的精神联系在一起，也就是将其贯穿于三民主义的全部内容中。除在上述资产阶级民主共和国的方案中对国民享有自由、平等等权力进行了论述外，革命派还在其他各个方面阐发了天赋人权和自由、平等、博爱的思想。他们认为，作为国民，理应享有权利、自由和平等，"天之生人也，既与以身体自由之权利，即与以参预国政之权利……故权利者，暴君不能压，酷吏不能侵，父母不能夺，朋友不能僭"。他们号召不仅要摆脱君权、外权的压制，而且要摆脱数千年来风俗、思想、教化、学术的束缚，这样才能争取"自由之形体"、"自由之精神"。他们大声疾呼"冲决治人者与被治者之网罗"，"冲决贵族与平民之网罗"，"冲决自由民与不自由民之网罗"，"冲决男子与女子之网罗"，以实现举国之人均为"平等之民"。他们认为"民权之集，是为国权；民而无权，国权何有"，而专制君主"将天下据为私产"，使"天下之人无一平等，无一自由"。因此，他们强烈呼吁："杀尽专制我之君主"，"收回我天赋之权利，以挽救有生以来之自由，以购取人人平等之幸福"。

　　资产阶级革命派所宣传的自由、平等、博爱的思想对广大人民群众无疑起到一定的启蒙作用。但不能不指出的是，由于革命派所面临的主要任务是挽救民族危机，争取国家独立富强，因此，反帝爱国、反满革命成为 20 世纪初资产阶级革命派思想发展的主要内容。而自由、平等、博爱的思想最终被反帝爱国、反满革命的思想所冲淡以至于被淹没。这一现象的出现固然与上述革命派当时所面临的迫切任务有关，但也反映出革命派在主观认识上更注重民主的表面形式而忽视其更深层的含义和内容。也正因为如此，近代民主思想启蒙的任务在辛亥革命前后远远没有完成。自由、平等、博爱的观念并没有真正深入人心。因而在辛亥革命失败后，不仅出现了民主共和国形式下的封建独裁统治，而且封建专制主义的思想意识又卷土重来。民主思想的启蒙任务还有待新的力量来完成。

4 辛亥革命前的国民性改造思想

如上所述，在 20 世纪初年，建立一个资产阶级民主共和国的问题已提上了资产阶级的议事日程。然而资产阶级认识到，"国家者，国民之国家"，"国有积民而成，舍民之外则无有国"，也就是说没有近代化的国民就不可能建立一个真正的近代化国家。而."中国自开国以来，未尝有国民也"。这是因为中国民众自古以来只有"奴隶性质"而没有"国民资格"。因此，出于建立一个真正资产阶级新国家的需要，资产阶级提出了"改造国民性"的问题，从而形成了辛亥革命前的国民性改造思潮。

实际上，关于改造国民性的问题在戊戌维新运动中就已经有所涉及。面临空前严重的民族危机，资产阶级维新派对民众的冷漠和麻木等"奴隶性质"进行了无情的鞭挞。梁启超在《知耻学会序》中指出，在国难当头的时候，中国四万万人只感到恐惧害怕，忍受着怨恨和屈辱，眼看将成为外国殖民者的臣妾、奴隶、牛马而只顾苟且偷安。甚至于被人侮辱也像没听见，被人唾骂也不发怒，被人役使也不感到惭愧，被人宰割也不觉得痛苦。维新派还指出，全国上下，士农工商，男女老少，"普天下血气之伦，而一一中盲聋哑之毒"，对民族危机不闻不问。因此，他们发出叹息："积二千年之恶习，民死其心也，固已久矣。"

维新派还认为，中国人的"奴隶性质"突出表现为没有爱国心，没有国民的自觉意识，不知道国家的安危与一人之身"得失相关"。同时，民众对封建专制统治的忍受也是"奴隶性质"的表现。他们指斥民众在专制统治下"俯首帖耳，忍声吞气"，不光是封建统治者视民为奴隶，同时民众也自甘为奴隶。因此，他们痛切地指出："中国之不变"，"吾民之过也"。将中国落后的原因完全归罪于群众固然反映出维新派的阶级偏见，然而他们指出中国民众素质低下却是历史事实。

针对中国民众民力虚弱、民智未开和民德低下的状况，维新派提出了以"鼓民力，开民智，新民德"为主要内容的改造国民性的设想。但是，由于维新派建立资产阶级新国家的理论还很不成熟，因此，他们改造国民性的思想也很不明朗。改造国民性的思想成为一种时代潮流还是在20世纪初年。

20世纪初年，民族资产阶级各阶层的政治代表无论是革命派还是立宪派都在思索和探讨建立一个资产阶级新国家的问题，而改造国民性的问题也就成为他们重点思考和讨论的一个问题。当时许多资产阶级革命派和立宪派的思想家、宣传家都在各方面论述了改造国民性的问题。

最早对"国民"这一概念进行比较系统阐述的是1901年《国民报》第二期的社说《说国民》。在这篇文章中，作者把"国民"与"奴隶"作为两个互相对立的概念加以区别："何谓国民？曰天使吾为民而吾能尽其为民者也。何谓奴隶？曰天使吾为民而卒不能成其为民者也。"也就是说，国民和奴隶的区别并不是天然的，其关键在于自身是否能"尽其为民"、"成其为民"。作者列举了国民和奴隶区别的具体标准，即国民有权利，有责任，喜自由，言平等，尚独立；而奴隶无权利，无责任，甘压制，尚尊卑，好依傍。以这些标准衡量中国的士农工商各阶层，作者认为"不论上下，不论贵贱，其不为奴隶者盖鲜"，"举一国之人而无一不为奴隶。即举一国之人而无一可为国民"。针对这一触目惊心的事实，作者大声呼吁"以自由平等之说为国民之种子"，来培养符合资产阶级共和国要求的国民。这就要求首先对中国民众的奴隶根性进行批判。为此，邹容在《革命军》中向全国同胞发出了"万众一心，全体努力，以砥以砺，拔去奴隶之根性，以进为中国国民"的号召。

什么是"奴隶的根性"呢？当时的资产阶级宣传家们普遍认为冷漠和麻木是"奴隶根性"的一大特征。他们把中国社会看作一个麻木不仁的天地，一个"环球所未有，天下所罕见"的冷漠世界。人们"平素偷安旦夕，心醉平和"，家庭稍有富余就沾沾自喜，而不再考虑人间还有忧患之事。地位低下，性格软弱而精神萎靡，睁大眼睛往上看，也是为个人打算。同伴如有遭遇忧患之事也坐视不救。为人处世，无棱无角非常圆滑，习惯于软弱怕事，遇有强敌也不能抗拒。这种貌似从容不迫、圆满和乐的风度却体现着平淡简单、没有变化、没有波澜的天性。这种冷漠、麻木的"奴隶根性"势必造成整个民族没有生气而死气沉重。

没有独立人格，没有自由、平等的权力思想也是中国民众"奴隶根性"的重要表现。邹容在《革命军》中对这一"奴隶根性"进行了深刻的揭露和无情的鞭挞："奴隶也，既无自治之力，亦无独立之心，举凡饮食男女，衣服居处，莫不待命于主人，而天赋之人权，应享之幸福，亦莫不奉于主人之手。"这就造成除依赖别人外没有自己的思想，除服从别人外没有自己的个性，除谄媚别人外没有自己的快乐，除为主人奔走外没有自己的事业，除伺候主人外没有独立的精神。而且这种奴性代代相传，父子、师徒、兄弟、夫妇、朋友之间都是以此性质相劝诫，互相期望；讲的都是安分、韬晦、服从、做官、发财。这些性格竟成为中国人自我标榜、自我陶醉的资本。这使邹容不禁发出痛切的感叹："人何幸而为奴隶哉，亦何不幸而为奴隶哉！"

没有政治觉悟，没有"国家观念"，没有爱国心，没有民族意识也是"奴隶根性"的一大表现。革命派揭露说，许多人对国家大事充耳不闻。如果有人告之以国家主权的丧失，外来民族的剥削，封建政府的压制，中华民族的灭亡，他们都"瞠目结舌以为妖言"。更有甚者，两千万里祖国山河将成为西方国家的殖民地，四万万中华同胞将成为欧美帝国主义的奴隶，"而我国民愚蒙如故，涣散如故，醉生梦死，禽视鸟息"，认为中国即使灭亡，也只不过像过去封建王朝的改朝换代一样。这种情况不能不使思想界发出中国人"有奴隶之性质，无国家之思想"的感慨。

没有创造能力，不知进取，乐天安命也被认为是"奴隶根性"的重要表现。当时的思想界普遍认为西方资本主义国家之所以强盛，是因为其国民具有优良的创造力和奋发向上的精神，而中国的"奴隶"却没有这种能力和素质。士农工商各个阶层，只能抱残守缺，故步自封。在欧美各国"日新月盛"的同时，中华大地仍是一片"老朽腐败之大陆"。梁启超也指出"中国民众"最可痛者，"则未有若无毅力者"。一遇到创新改革的事，一般的人只看到眼前的小害，而看不到此后的大利，甚至有人拼命加以阻拦；即使少数略有知识的人也没有胆量，徘徊不前而不敢轻易行动去实践。这种安于守旧、不求上进的民众，当然不能称之为"国民"。

"奴隶根性"不仅仅表现在一般民众身上，在自认为是"先知先觉"者和"革新之健将"的新式知识分子身上也同样具有"奴隶根性"。陈天华在《绝命书》中特别指责留日学生中有的是以东渡留学为升官的捷径，目的在于求取利禄，而不在于为国家民族尽责任。更有甚者，有的学问没有学到而道德品质却败坏了。另一个革命者李书城则在《学生之竞争》一文中直接指斥中国学生无爱国心，无博爱心，无进取心，无独立心，无自尊心，无希望心，无怀疑心，无知耻心，无勇敢心。这样的知识分子显然也无法承担起国民的责任和义务。甚至于在革命者身上也不可避免地具有许多与国民身份不相称的品性。章太炎在《革命之道德》中列举了革命党人许多道德低下的事例，认为与他"同处革命之世，偕为革命之人"的革命党人其道德水平甚至于比不上陈胜、吴广等封建社会的农民领袖。他还自我反省说，"柔脆怯弱如吾属者"是不能担当起革命重任的。由此看来，在担负"改造国民性"任务的资产阶级、小资产阶级知识分子和革命者中，实际也没有几个合格的"国民"。

对"奴隶根性"的揭露和批判是为了弘扬"国民精神"，"铸造国民"。那么，什么是理想的国民呢？当时的启蒙思想家们对这一问题进行了一系列的论述。邹容的《革命军》，《国民日报》的社说《说国民》，《江苏》杂志的文章《国民新灵魂》都比较集中地论述了国民所应具备的品质和精神。特别是梁启超写于1902年至1906年的长篇系列政论文《新民说》更是从公德和私德，国家和权利义务思想，进取、冒险和尚武精神，自由和自治观念，毅力和民气等诸方面从理论的高度集中阐述了国民应具备的品格和性质。可以说，《新民说》是20世纪初年国民性改造思想最重要的代表作。综合当时启蒙思想宣传家的论述，理想国民应具备的品性有如下几个方面。

政治自觉。这是当时思想界一致强调的。国民是国家的主人，因此，政治自觉首先表现为明确的"国家观念"。邹容认为："一国之政治机关，一国人共司之，苟不能司政治机关，参与政权者，不得谓之国，不得谓之国民。"也就是说，国民没有政治自觉，"无政治上之观念"就不能立国，当然也谈不上国民了。国民必须有"政治法律之观念"，必须"知中国者中国人之中国"，必须将爱国作为"国民无上之天职"，必须"有我即国、国即我之理想，深入于脑中，牢固而不可拔"，必须承担起对祖国"应尽之责任"。政治自觉还包括权利和义务思想。梁启超认为"国家譬犹树也，权利思想譬犹根也"。国民没有权利思想，国家就会衰亡。而权利和义务是互相依存的。没有义务思想，"则虽日言权利思想，亦为不完全之权利思想而已"。总之"权利、义务两思想，实爱国心所由生也"。

独立自由的性格。这一点也被思想界所普遍重视，并作为国民和奴隶的根本区别。梁启超称"自由，奴隶之对待"。《说国民》认为"国民为奴隶之对待"。显然，他们都把自由作为"国民"最重要的一个特征。因此，"无自由之精神者，非国民也"成为当时启蒙思想家的共识。邹容认为国民必须"有独立之性质"，"有自由之幸福"，必须"人人当知平等自由之大义"，"养成上下天地，惟我自尊，独立不羁之精神"。梁启超认为"独立"即"不倚赖他力，而常昂然独往独来于世界者也"，这是中国国民所缺乏的一种品格。而"自由"则是"全其为人之资格"必不可少的，也是国民精神的重要组成部分。

自治精神和社会责任感。在启蒙思想家的观念里，自治是作为自由的重要补充而提出来的。《湖北学生界》的一篇文章指出：国民并"非专欲自由而不能自治者也"。梁启超也认为"人人自由，而以不侵人之自由为界"。而这就需要自治思想。所谓"自治"，梁启超认为就是"不待劝勉，不待逼迫，而能置于规矩绳墨之间"。也就是要自觉地遵守社会公德和共同生活准则。而这种"不待劝勉，不待逼迫"的自治又是基于社会责任感。梁启超认为"人生于天地之间，各有责任"。"自放弃其责任，则是自放弃其所以为人之具也"。也就是说，没有社会责任感就没有做人的资格，更没有作为国民的资格。

尚武和冒险进取精神。半个多世纪以来外族的欺凌使人们非常重视尚武精神。许多革命者主张以尚武精神"铸我国民之魂"，要以"铁血主义"为"神圣之所歆"，以"剑铳者"为"国民第二之衣食住"。一时间，"尚武爱国"、"尚武保种"成为人们所宣传的口号。"军国民教育"也成为人们所致力的革命手段之一。建立新的国家这一伟大事业不仅需要尚武精神，而且需要冒险进取的英雄气概。梁启超将"冒险性"作为从旧世界向新世界过渡时期英雄人物所"必要之德性"。邹容则把"养成冒险进取、赴汤蹈火、乐死不辞之气概"作为革命教育的重要目的。欧美资产阶级

"出万死不顾一生"的冒险精神得到人们的赞颂；哥伦布、麦哲伦等不畏艰难的探险业绩也被誉为"浩气烟云，大名日月"而得到大力推崇。

个人主义。梁启超认为，人们在进化过程中平等竞争，"其能利己者必优而胜，其不能利己者必劣而败"。既然如此，那么"人而无利己之思想者，则必自放弃其权利，弛掷其责任，而终至于无以自立"。因此，个人主义可以"助人群之发达，进国民之文明"。1911年的《民心》杂志刊载的剑男的《私心说》一文把个人主义看作立身、立家、保国、保民族的出发点，认为"自我身、我家、我国以至于我民族，皆与我有绝大关系，皆我私也"。这样就将个人主义的利己扩大到利家、利国、利民族。这种对于个人主义的理解，必然导致将个人主义作为国民应有的品质。

丰富的知识和健壮的体魄。世界是生存竞争、优胜劣败的舞台。国民的知识和身体状况无疑是竞争的重要条件。愚昧的国民，必不能适应"日新月盛"的世界。因此，理想的国民应是"知类通达之人才"，"欲养成国民，不可不注意于学校教育"，甚至于应该采取"强迫教育"。"举国病夫"，当然也不可能在天演竞争中取得优势。因此，革命派主张大力发展军事教育和体育事业，以"发育国民身体"。体育学、卫生学也成为当时宣传的重要内容。

凡此种种，无一不体现当时思想界对建立资产阶级新国家所要求的理想国民精神的美好憧憬。而这些"国民精神"又无一不是以资产阶级民主主义和理性主义作为思想基础的。

辛亥革命前的国民性改造思潮是这一时期资产阶级启蒙思潮的重要组成部分，也是近代启蒙思想发展到一个新的高度的重要表现。它的意义不仅仅在于唤起广大人民为建立资产阶级的新国家而奋斗，更在于它将对传统文化的批判深入到人们心理特质和民族性格的深层，从而更进一步起到"唤起国民之精神"的作用。同时它也为新文化运动中的国民性改造思潮作了必要的准备。

从章太炎到孙中山的哲学启蒙

20世纪初年，随着资产阶级力量的进一步壮大以及西方近代各种哲学流派的进一步传播，中国近代资产阶级哲学启蒙进一步发展。其中章太炎和孙中山的哲学思想总结了近代资产阶级哲学启蒙和哲学变革的成果，构成了近代中国资产阶级哲学的完成形态。

章太炎的哲学体系涉及广泛，内容深奥而又复杂多变。辛亥革命前，他的哲学思想大致以1906年为界，前段以机械唯物主义思想为主，后段以主观唯心主义为主。不管哪个阶段，他的哲学思想都具有独特的理性和启蒙色彩。

1906年以前，章太炎吸收了西方近代自然科学知识，扬弃了中国古代朴素唯物论的气一元论，形成了具有近代机械唯物论色彩的自然观，即"阿屯以太说"和"排天论"。他吸取了哥白尼以来近代天文学的新成果，肯定"太阳率八行星成一世界"，而每一恒星都有它的行星而组成一个像太阳系一样的世界，所有的恒星及其行星组成了整个宇宙；除此以外，并不存在什么具体的"天"。他指出，古代唯物论者之所以形成"积气为天"的朴素观念，是因为将包裹在地球外部的一层大气看作是有形质的"天"。而近代天文学成果已经证明，地球外部的气与云和雨等自然现象一样，是地球的组成部分，而不是什么"天"。这样，他用近代实验科学的思维方式突破了古代朴素唯物主义的直观性，促进了唯物主义宇宙观的长足发展。

章太炎还认为物质性的"以太"是宇宙万物的始基。为了说明世界的物质性，他用"阿屯（Atom，即原子）以太"的范畴，代替古代朴素唯物主义的"元气"范畴。所谓"阿屯以太"，是眼睛看不见但有形、手摸不着而有质的物质实体。他依据19世纪自然科学关于"以太"的概念指出，"以太"是一种传播光的媒介，它在不同条件下有不同的运动速度。它小于原子（阿屯），但实质同原子一样，也具有自身的质量。他这种观点纠正了谭嗣同的"以太——心力"说的二元论观念，也发展了严复的"以太"即是"一清之气"的模糊认识，是近代哲学本体论走向自然科学化的一种表现。同时他还认为整个物质世界从宏观的日月星辰到微观的光热电气都由"阿屯以太"构成，它们都可以归结为一种"动则速"、"力则厚"的机械运动。这就使他的"阿屯以太"说具有更鲜明的近代机械唯物论的哲学意义。同时，他从"阿屯以太"的自然观引导出"排天"、"排帝"和"非鬼"论,从根本上否定了"天命神权"、"上帝创世"和"人死变鬼"等宗教、迷信思想,具有反对封建神权和封建蒙昧主义的启蒙性质。

在认识论方面,1906年前的章太炎继承了荀况的唯物主义"征知"说,同时运用近代自然科学对感觉来源于物质世界这一思想进行了论证。他强调人的认识必须通过感官同外界的接触才能形成概念。事物是客观的,即使人的感官暂时不同外界接触,或者人们的感觉有相对的差异都不能否认客观事物的存在。这样,他就坚持了认识论的唯物主义方向。

然而,他认为单凭感官所获得的认识有很大的局限,还必须通过判断推理的阶段使之上升到理性阶段。他把概念的形成过程归纳为"触、作意、受、想、思"五个阶段。前三个阶段是通过感官使大脑同外界事物接触并获得感性材料,产生感性认识的过程;后两个阶段是判断推理和概念抽象从而得出理性认识的阶段。他很重视判断推理和概念抽象在认识过程中的作用。这使他的认识论具有明显的唯物主义唯理论色彩。然而,他又过分地夸大了"概念抽象"的作用,进而把一切非科学的抽象思维都当作可靠的,有益的,从而陷入唯心主义的唯理论。

在社会历史观方面,1906年前的章太炎和同时代先进思想家一样,接受了"物竞天择"的进化论。他用近代生物学的细胞学说,写成了著名的《菌说》,论证了细胞是生命现象的起源,是生物进化的基础。以后他又进一步从自然史的角度研究人类的起源，认为从无机界到有机界，从低等生物到人类是一个自然进化的过程。从"赭石赤铜"的无机物进化为水藻之类的低等植物，然后又逐渐进化为有鳞类和猿猴等高等动物，最后进化为人类。他认为万物的进化是一个"强力以与天地竞"也就是"物竞天择"的过程。人类社会也不会停止进化，只不过人类与其他万物相比具有不同的特点，因而进化的方式和标志也就不同。他提出了一个非常可贵的命题："人之相竞也以器"。也就是说，人类的竞争是"器"即生产工具的竞争。因此，人类社会进化的标志也是以"器"的演进来衡量。这样，石器、铜器、铁器就成为"辨古今之期"的标志。他虽然不可能了解社会生产方式变革推动社会发展这一规律，但他正确指出了生产工具决定社会生产力发展水平，表达了一种可贵的科学历史观的萌芽。

章太炎还指出社会化的人类具有改造自然和社会的能动作用。这一方面表现在人类有"求明昭苏"的意志力，另一方面又表现在人能合群，以群体的力量来改造自然和社会。因此，他认为说"天演"还不如说"人演"，即人类社会的进化是人类自身力量所致，这就是所谓"人力革天"的思想。这一思想成为他大力批天命、倡革命的理论基础。

1906 年以后，章太炎在《民报》上发表了一系列宣传建立无神论"新宗教"的文章，标志着他的以佛教唯识宗为基础的唯心主义哲学已取代了他前段的机械唯物主义哲学。

　　章太炎将佛教唯识宗的所谓"八识"中的第八识即阿赖耶识看作世界万物的本原。它是一种"原型观念"，先验地存在于人们的认识活动中，并超越一切而永恒不变。世界万物都以萌芽状态蕴藏于它之中。除此之外，"一切有形的色相，无形的法尘，总是幻见幻想"。章太炎还用西方 19 世纪的主观唯心主义的哲学思辨来充实他的唯识论哲学，认为康德的"十二范畴"，叔本华的"世界成立全由意思盲动"，费希特的"自我意识是惟一真实的存在"都与他的"一切唯识"是一样的道理，甚至于康德论证的时空，运动统一性、多样性、必然性、因果性、可能性、实在性等范畴都先验地存在于"阿赖耶识"之中。

　　从这种唯识宗哲学出发，他一方面反对唯物论，另一方面又反对有神论，认为一切神都是幻有的。他主张建立一种无神的宗教，即以大乘佛教理论为依据，以"依自不依他"，"自贵其心，不以鬼神为奥主"为主要内容的新宗教。这种新宗教，实际上是一种唯意志论或唯我主义的哲学。他的这一哲学思想无疑是在他前期唯物主义自然观水平上的一种倒退。他歪曲地强调人的自觉能动性，极端地追求个人的绝对意志自由，最终不可避免地陷入虚无主义和悲观主义的泥坑。

　　然而，我们也不能不看到章太炎主观唯心主义哲学思想中包含的独特的启蒙因素。首先，他以此来反对有神论、上帝造世说和一切鬼神思想，认为这些宗教鬼神迷信都是"卑鄙恶劣"，"可笑可丑"的，这对反对迷信，宣传无神论无疑具有重要的意义；其次，他的"依自不依他"，"自贵其心"的唯意志论具有反对一切思想束缚，反对专制权威，提倡个性解放的意义，实际上是对封建专制主义和蒙昧主义的一种反动；再次，他的这种哲学思想糅合了康德、叔本华等的哲学思辨。而思辨性是康德哲学作为18世纪德国资产阶级启蒙思想的一个特征，"是深入思考问题的重要条件"。章太炎唯意志论哲学中的思辨性无疑也为中国哲学启蒙的发展创造了必要的条件。

章太炎宗教哲学的悲观主义色彩也对他的社会历史观产生了影响。1906年，他针对资本主义社会种种不平等现象，对进化论产生了怀疑，提出了"俱分进化"的观点。他认为随着人们知识水平的提高，善与恶、苦与乐都在同时进化。人们的知识越进化，道德就越堕落，人们所遭受的痛苦就越多。最后，他得出"文明之愈进者，斯蹂践人道亦愈甚"，"知识愈进，权位愈伸，则离道德愈远"的结论。这导致他提出反对社会发展，反对文明传播的社会史观，从而发出了与他早期思想中启蒙主义主旋律极不和谐的反启蒙变调。

在中国近代哲学史上，从完全意义上对哲学启蒙成果进行总结并真正具有资产阶级哲学变革完成形态的哲学思想应该说是孙中山的哲学思想。孙中山的哲学思想虽然也包含某些中国古典哲学的遗产，但其主要理论构架和范畴体系都来源于近代西方资产阶级哲学。

在自然观方面，孙中山以西方19世纪自然科学重大成就和机械唯物论为基础，确立了他的以"以太——星云说"和"生元说"为特征的机械唯物主义自然观。他以进化论来解释宇宙万物的起源，认为"原始之时"的最初物质是"以太"（他借用中国传统的"太极"来表示），"以太"的运动产生了电子，电子凝聚形成元素，元素结合形成物质，物质聚集成地球。在他看来，"以太"是地球没有形成以前早已充满宇宙的"原始质点"（或称"原粒物质"），而宇宙万物都是根源于它的运动变化。他又结合近代天文学知识具体描述了地球形成过程：最初太阳是一团气体，成一团星云，在这团星云收缩时，分出一部分气体，日久凝成液体，再由液体固结成石头，从而形成了地球。显然，这种地球起源论接受了"康德—拉普拉斯星云说"的影响。"康德—拉普拉斯星云说"虽然是一种科学假设，但它肯定了世界的物质性。孙中山在接受这一西方自然科学成果基础上肯定天体形成是一个以"以太"为本体的物质进化过程，形成了"以太——星云说"，从而把中国古代的"元气一体论"导向了以实证科学为基础的近代唯物论。

孙中山还认为生物也是物质长期进化的结果，而构成生物生命体的元子就是细胞。为了说明细胞的"生物元始"之意，孙中山在接受达尔文的细胞学说时，将细胞又称作"生元"。他认为正是这种生元——细胞"造成人类及动植物"。这样又形成了他的生命起源上的"生元说"。这种生元说的主导方面是唯物主义的。但孙中山又受到法国近代生物学家圭哇里的"细胞有知"说影响，形成了他的"生元有知"说。他认为"生元"——细胞带有一种与生俱来的"预先的知识"，甚至把孟子的所谓"良知良能"也比附为"生元之知"、"生元之能"。这就使他的自然观又不免包含着唯心主义的杂质。

在认识论方面，孙中山提出了"知难行易"的学说。他认为，人类认识的对象是整个宇宙。而人类的认识是在行的基础上得到的。经验是认识的前提，理论是事实的反映。因此，人们的认识要用事实作材料。而且科学的认识应"不服从迷信"，应用事实去检验，只有在不断观察、实验、研究过程中证明是正确的认识才是真理。孙中山认为人类的进化总是从"不知而行"开始，在行中求知，即"以行而求知"。在此基础上，他又提出"因知以进行"的命题，即根据在"行"中求得的"知"来指导"行"。这显然是一种符合人类认识规律的深刻见解。他还认为人类认识事物有两种方法，"一种是用观察，即科学；一种是用判断，即哲学"。也就是说，在对客观事物进行科学考察的基础上加以判断推理，就可以认识万事万物。他还认为，人的认识是一个发展的过程，逐渐进化的过程。事物的发展永无终结，人的认识也就永无止境。没有人们不能认识的事物，而只有受"人类今日知识"限制而暂时未被认识的事物。因此，人们的知识"要随着事物之增加而同时进步"。从这些可以看出，孙中山的认识论不但具有鲜明的唯物主义特征，而且还富于辩证色彩。

孙中山强调人们的认识次序总是行先知后，以行求知，"行其所不知以致其知"。由此，他得出"知难行易"的结论，认为提倡"知难行易"说是当时思想建设的重要课题。这一命题主要是针对当时很多革命党人轻视理论指导作用的倾向，为了推动革命理论的建设而提出来的；同时也强调了要得到真正科学的革命理论是不容易的，而坚持科学的革命信念也非易事。因此，"知难行易"说对当时的资产阶级革命具有重要的实际指导意义，具有理性主义的色彩。同时，他强调革命理论的能动作用，从理论上来说也包含着合理的因素。但是，他把"知难行易"作为人类认识的普遍规律，夸大了理性认识的作用而轻视实践的作用显然是片面的。同时孤立地把知或行从人类认识的长河中抽出来进行考察，人为地割裂知与行的辩证关系来论证孰难孰易也是形而上学的表现。

在社会历史观方面，孙中山坚持进化论的观点，认为人类社会与自然界一样也是一个新陈代谢、不断发展变化的过程。同时他认为历史进化和物质进化、物种进化不同，它需要人们以积极的创造、无畏的牺牲去促进社会发展。这一积极的历史进化论正是他坚持民主革命道路的理论基础。

在社会进化动力的问题上，孙中山提出了著名的"民生史观"。他认为："历史的重心是民生"，"民生为社会进化的重心"，"民生问题才可说是社会进化的原动力"。"民生"问题指的是什么呢？孙中山认为"民生是人民的生活——社会的生存，国民的生计，群众的生命"。这是一种空泛的定义，它既包含了社会经济生活的生产，也包含了人们对"生活"、"生命"的要求。从前者来看，孙中山认识到物质生活的重要性，主张通过发展经济和政治来解决民生问题。他认为解决民生问题"不是靠道德心和感情作用可以解决的"，它不仅要解决生产和分配问题，而且必须"先从政治上来着手"。这表明孙中山已经试图从社会经济生活中寻找社会发展的动因，其唯物主义的合理要素是显而易见的。然而从另一方面看，孙中山又认为"人类求生存，才是社会进化的原因"，又明显具有唯心论的特征。因为人类求生存只是一种欲望和精神力量，把它作为社会进化的原因，势必在理论上陷入社会意识决定论。孙中山反对马克思的"阶级战争是社会进化原因"的观点，提出以"互助原则"代替"竞争原则"作为人类社会进化的根本法则，都是由于上述民生史观中的唯心主义缺陷导致的。

总而言之，尽管孙中山的哲学思想具有这样或那样的唯心主义倾向，然而其唯物主义倾向则是主要的。他积极地运用西方近代自然科学和西方资产阶级哲学来武装自己的哲学体系，使他的哲学思想具有鲜明的哲学启蒙性质，并成为中国近代资产阶级哲学思想发展的顶峰。

四　新文化运动中启蒙
思潮的高涨

　　辛亥革命的胜利成果被袁世凯为首的北洋军阀所窃取，资产阶级革命派为之浴血奋战的民主共和国只是徒有虚名。北洋军阀建立的是代表大地主大买办利益的封建专制独裁统治。更有甚者，封建帝制的复辟势力一再在民初政治舞台上蠢动。洪宪帝制和宣统复辟虽然只是昙花一现，然而它们却反映了封建专制主义的社会基础和思想基础仍然顽固地存在。与军阀专制独裁和帝制复辟逆流相适应，尊孔复古思潮甚嚣尘上。帝国主义所兜售的买办文化与封建主义旧文化结成反动同盟，向辛亥革命和近代启蒙思潮反扑过来。然而，在政治上失败了的中国资产阶级、小资产阶级及其思想代表并没有放弃他们的思想阵地，面对着北洋军阀的专制独裁统治和尊孔复古思想的逆流，资产阶级、小资产阶级知识分子重新调整了他们的阵营，高举起民主和科学的大旗，展开了对封建专制主义和蒙昧主义的又一次进攻，从而使中国近代启蒙思潮进一步高涨。

1 新文化运动中的民主、
自由、平等思想

新文化运动的兴起以陈独秀于 1915 年 9 月创办《青年》（后改为《新青年》）杂志为标志。在该杂志的创刊号上，陈独秀发表了《敬告青年》一文，最先提出了"科学与人权并重"的命题。1919 年 1 月，陈独秀又在《〈新青年〉罪案之答辩书》中明确提出"拥护德谟克拉西（Democracy）和赛因斯（Sience）两位先生"，从而使民主和科学成为新文化运动的鲜明旗帜。当时资产阶级小资产阶级激进民主主义者所宣传的民主有两层含义：一层是就国家而言，即反对封建君主专制统治，建立自由平等的资产阶级民主共和国；另一层是就个人而言，不仅要获得政治上和经济上的民主，还要获得人格独立，个性解放，做一个自主自由的人。这两个方面是互相联系、相辅相成的。民主政治必须以国民的人格独立、个性解放为基础；而国民的人格独立、个性解放又必须以民主政治为保障。陈独秀说："所谓立宪政体，所谓国民政治，果能实现与否，纯然以多数国民能否对于政治自觉其居于主人的主动的地位为惟一根本之条件。"胡适也说："争你们的个人的自由，便是为国家争自由！争你自己的人格，便是为国家争人格！自由平等的国家不是一群奴才建造得起来的。"这都是对民主两层含义关系的阐述。

　　尽管当时《新青年》曾公开声明"批评时政，非其旨也"，但实际上激进民主主义者并没有对政治表示冷漠。他们不仅对封建君主专制进行了激烈的批判，而且对现实生活中的军阀独裁统治和封建帝制复辟表示了极大的义愤。他们指出，要实现民主政治，就必须反对封建专制统治，因为专制和共和是不能并存的。李大钊指出："民与君不两立，自由与专制不并存，是故君主生而国民死，专制活则自由亡。"他在《民彝与政治》这一长篇政论文中对中国历史上的封建君主专制进行了深刻的批判，认为中国几千年的政治都是"嬴秦之政"，从秦始皇开始，"一夫窃国，肆志披昌，民贼迭兴，藐无忌惮"，从而使"生民之厄，极于此时"。他认为中国国势"神衰力竭，气尽能索"，中国人民"死灰槁木，奄奄待亡"，都是因为"君主专制之祸"。因此，他号召全国人民抛弃专制之政体，"再造中国之新体制"。陈独秀在《吾人最后之觉悟》一文中也指出，中国专制统治历史悠久，人民只能服从专制统治，除了尽封建义务外，既无政治权利，又无政治觉悟。因此，中国要生存于世界和跟上历史发展的潮流就应该改革政治，要"由专制政治趋于自由政治；由个人政治趋于国民政治；由官僚政治趋于自治政治"，总之必须"弃数千年相传之官僚的、专制的个人政治，而易以自由的、自治的国民政治"。简言之，就是以资产阶级民主政治来取代封建君主专制政治。

　　激进民主主义者尤其对现实生活中的专制独裁和帝制复辟深恶痛绝。李大钊对袁世凯的帝制复辟表示了势不两立的鲜明政治立场，认为那些"敢播专制之余烬，起君主之篝火"的"筹安之徒"与"复辟之辈"是"国家之叛徒，国民之公敌"，对于他们必须采取毫不妥协的态度，要"诛其人，火其书"，"无所姑息，不稍优容，永绝其萌，勿使滋蔓"。陈独秀对中华民国招牌下的北洋军阀统治的专制实质进行了一针见血的揭露，认为"三年来，吾人于共和国体之下，备受专制政治之苦"。这种共和政体，是一种"伪共和"、"伪立宪"。

正因为对当时中国徒有虚名的"民主共和"的失望，导致了激进民主主义者对法国、美国坚持长期革命最后实现民主共和表示赞颂和仰慕。陈独秀认为美国坚持斗争八年才独立，法国进行流血革命几十年才成为真正的民主共和国，这都是值得中国人民学习和效法的。其言下之意是十分明显的，就是说在中国也要继续进行革命斗争，才能建立真正的民主共和国。李大钊则对云南护国军的反袁起义大加称颂，认为这是"国命民生之一大转轨"，希望能藉此推翻北洋军阀的专制独裁统治，"再造中国之新体制"。1917年俄国二月资产阶级革命后，李大钊写了《俄国大革命之影响》一文，希望俄国发生的革命能促进中国人民的觉悟，"灌润吾国自由之胚苗"，"厚我共和政治之势力"。这些都反映了激进民主主义者希望借助世界民主潮流，利用革命的方式，以建立中国民主政治的迫切心情和愿望。

激进民主主义者认识到："共和立宪制，以独立、平等、自由为原则。"辛亥革命后建立的中华民国正是因为没有独立、平等、自由的实质而流于形式，最后形成了军阀独裁专制统治。因此，他们在大力宣传资产阶级民主共和制度的同时，又以大量的言论阐述了民主的第二层含义，即大力宣传独立、自由、平等，宣传人格独立和个性解放。这一点是辛亥革命准备时期的民主思潮传播中的一个薄弱环节。

陈独秀在《敬告青年》中指出，"科学与人权并重"的口号，其中的人权，更多的是指国民独立自立的人格、自由平等的权利以及个性解放。正因为如此，他将"自主的而非奴隶的"作为对青年六条要求的头一条。他主张人人"各有自主之权，绝无奴隶他人之权利，亦绝无以奴自处之义务"。他号召人们从君权、教权、经济剥削和男女不平等的束缚下解放出来，"脱离夫奴隶之羁绊，以完其自主自由之人格"。他指出，共和立宪必须以国民自觉地主动地居于主人地位为条件，必须以独立、平等、自由为原则。如果没有这些条件和原则，即使在政治上否认了专制，建立了共和立宪政体，也只不过是"伪共和"、"伪立宪"、"政治之装饰品"。而辛亥革命后的"中华民国"就是这种情况。他认为，平等的人权、独立的人格、思想的自由是欧美文明进化的重要原因。他特别推崇法国资产阶级革命中的"自由、平等、博爱"原则，认为这些原则是"近世文明的精神"。他盛赞西方资本主义社会"思想言论之自由，谋个人之发展，法律之前人人平等也，个人之自由权利载在宪章，国法不得而剥夺之"。

而反观中国封建社会，封建的政治法律、伦理道德无不是钳制思想，控制自由，阻碍个性发展，造成"损坏个人独立自尊之人格"，"窒碍个人意志之自由"，"剥夺个人法律上平等之权利"，"养成依赖性，戕贼个人之生产力"等恶劣的后果。他主张充分的个性解放，呼吁"我有手足，自谋温饱；我有口舌，自陈好恶；我有心思，自崇所信，绝不认他人之越俎，亦不应主我而奴他人"。进而，他主张"以个人为本位"，实行"彻头彻尾的个人主义"，以争取"个人独立平等之人权"。可以这样认为，人格独立和个性解放是陈独秀全部民主思想的基础。正因为如此，才使他的思想产生如此巨大的反封建启蒙作用，并且在五四新文化运动时期的青年人思想上产生强烈的震动和共鸣。

其他激进民主主义者也在提倡自由平等、个性解放和思想自由方面发表大量言论。李大钊认为要建立"惟民主义"和"代议制度"的民主政治，其基础是"民权自由"和"意念自由"，也就是人权自由和思想言论自由。而封建专制统治使"自由屈束"，"人人尽丧其为我"，思想受到锢蔽，国人"无敢昌说"。他特别强调"立宪政治重言论，而言论之所以重自由"，主张发"自信之言论"和"自由之言论"。他呼吁青年人抛弃一切历史和现实的包袱，本着"吾惟有我，有我之现在而足恃"的精神，"以特立独行之我"，"昂首阔步，独往独来"，"冲决过去历史之网罗，破坏陈腐学说之囹圄"，以争取"青春之我"的全面发展。他还主张"坚持一己意志之自由，冲其网罗而卓自树立，破其勒鞛（zhí 执）而突自解放"。这些言论也充满着要求个性解放的激情。

鲁迅则痛斥中国传统道德使"个人之性，剥夺无余"。他主张"尊个性而张精神"，"掊（pǒu 剖）物质而张灵明，任个人而排众数"。也就是要求个性解放，思想自由。他号召中国的青年冲破舆论、习惯、庸众的束缚和枷锁，"站出来，对于中国的社会、文明，都毫无忌惮地加以批评"。他还主张思想自由和个性解放必须从孩子开始培养，呼吁人们"各自解放了自己的孩子，自己背着因袭的重担，肩住黑暗的闸门，放他们到宽阔光明的地方去，此后幸福的度日，合理的做人"。这些言论也无不体现着反对封建束缚，主张个性解放的精神。

另一个大力鼓吹和宣传思想自由和个性解放的民主主义者是胡适。他认为封建社会"最大的罪恶莫过于摧折个人的个性，不使他自由发展"。他主张"养成一种欢迎新思想的习惯，使新知识、新思潮可以源源进来"，"极力提倡思想自由和言论自由，养成一种自由的空气，布下新思潮的种子"。他大力推崇所谓"易卜生主义"，即近代挪威剧作家易卜生在艺术创作中表现出来的个性解放思想，"个人须要充分发达自己的天才性，须要充分发展自己的个性"。因此，他主张"打破那些束缚精神的枷锁镣"，主张"有什么话，说什么话"，"要说我自己的话，别说别人的话"。他还公开提出："为我主义，其实是最有价值的利己主义"，认为争"个人的自由"，争"个人的人格"，就是"为国家争自由","为国家争人格"。

总之,新文化运动中的激进民主主义者提出的"民主"口号其含义之深刻已大大超过辛亥时期资产阶级革命派的思想。他们较侧重于民主含义的自由平等、人格独立和个性解放的方面,从而将民主思想启蒙推向了一个更新的阶段。

新文化运动中提倡科学的思想

激进民主主义者在新文化运动中提出的另一个响亮口号是提倡科学。陈独秀在《敬告青年》中指出:"科学之兴,其功不在乎人权说下,若舟车之有两轮焉。"因此,他提出"科学与人权并重",并把"科学"的而非想象的作为对青年的要求之一。激进民主主义者认为,科学与民主密切相关,相辅相成。没有民主,科学难以发展;没有科学,民主也没有基础。欧洲文艺复兴时期科学的发展促进了生产力发展和人们思想解放,从而形成了近代资产阶级民主运动。而在中国封建社会,专制和愚昧是一对孪生兄弟。封建专制造成愚昧和落后;愚昧和落后又维护和巩固了专制统治。这正反两方面的历史经验教训,促使激进民主主义者在大力宣传民主思想的同时,又将科学作为反对封建主义的启蒙思想的重要内容。

新文化运动中所提倡的科学也包括两层含义,它既指具体的自然科学知识,又指资产阶级所需要的认识世界的科学方法和科学态度。

19世纪末20世纪初是世界自然科学发展的重要时期。首先，由于电子、X射线和放射性的发现导致了一场物理学革命。相对论、现代量子理论的创立是这场革命最伟大的成果。从此，物理学从近代阶段进入现代阶段，并带动整个自然科学进入一个新的发展时期。化学、生物学、天文学、地质学和数学在20世纪初都经历了向现代形态的转变。通讯、材料、能源等新的科学技术也得到突飞猛进的发展。面对世界科学技术的迅猛发展，新文化运动的倡导者对正在发生的科技革命给予了极大的关注，并对最新科技成果予以及时的介绍和高度的评价。1915年，一批留美学生发起成立了中国科学社并在上海创办了《科学》杂志，以传播世界最新科学成果为宗旨。其他一些报刊也大量刊载自然科学方面的文章。五四前后，各类报刊发表的自然科学方面的文章不下千篇。这些文章大部分是介绍达尔文的进化论和爱因斯坦的相对论，还有一部分介绍科学史、科学家传记和科普常识。在这种科学宣传的热潮中，放射性理论、相对论、量子理论被传入中国；达尔文、爱因斯坦、牛顿、居里夫人等世界著名科学家也在中国广为人知。知识界对自然科学发展的关注和欣喜之情是历代中国人所没有过的。中国许多老一辈著名自然科学家也正是受到这一热潮的影响而开始投身于科学事业。因此，激进民主主义者提倡科学为推动全国学习科学的风气，造就科学人才起了积极的作用。

然而，新文化运动中提倡科学更主要的还是提倡一种科学的方法、科学的态度，或者说是一种科学的人生观。陈独秀在《再论孔教问题》一文中指出："科学者何？吾人对于事物之概念，综合客观之现象，诉之主观之理性而不矛盾之谓也。"就是说，科学要求主观思想要反映客观实际。在这一意义上科学与想象、武断、虚妄、迷信、盲从相对立。

提倡科学，就必须用科学的法则来认识客观事物。这是激进民主主义者在新文化运动中所形成的共识。陈独秀在《敬告青年》中指出："举凡一事之兴，一物之细，罔不诉之科学法则，以定其得失从违，其效将使人间之思想云为（即：言行——引者注）一遵循理性，而迷信斩焉，而无知妄作之风息焉。"这就是说，只有用科学法则来观察事物才能使人们的思想言行遵循理性的原则，从而摈弃迷信和盲从无知的风气。他还认为，不论什么事物都不能凭空想像武断，而应该"以科学说明真理，事事求诸证实"。如果经不起科学法则和理性法庭的审判，那么，即令是"祖宗之所遗留，圣贤之所垂教，政府之所提倡，社会之所崇尚，皆一文不值也"。只有科学，才能根治"无常识之思维，无理由之信仰"。

宣传科学，必须反对各种鬼神迷信思想。中国历史上鬼神思想一直非常盛行。统治者利用和发展了鬼神之说，使之系统化、宗教化，给广大劳动人民套上了一副沉重的迷信枷锁。辛亥革命前，资产阶级革命派已经对鬼神迷信思想进行过批判。然而，辛亥革命失败后，伴随着政治上的独裁专制和文化上的尊孔读经，鬼神迷信思想又沉渣泛起。尤其是激进民主主义者对自然科学的传播和对科学精神的推崇，更引起了顽固守旧分子的极大惶恐和仇恨。1918年初，有人在上海设坛扶乩，并成立了"灵学会"，出版了《灵学》杂志。这些顽固守旧分子胡说：外洋长科技，中国长道德，科学进步，道德必然衰退，神鬼之说不张，国家之命遂促。他们还公然散布各种荒诞无稽的谬论，胡说人死了变成鬼，鬼是有形有质的，只是人看不到而已。

面对这种反科学的逆流，激进民主主义者以科学为武器予以迎头痛击。陈独秀在《新青年》上发表《有鬼论质疑》一文，一连向有鬼论者提出了8个问题，指出有鬼论本身的矛盾。他指责"灵学"是奸民作伪，用以欺人牟利，认为提倡"灵学"的人是一群"妖孽"。他对20世纪的中国出现这种怪现象表示了极大的愤慨，号召青年与这群妖魔进行斗争，"剿灭这种最野蛮的邪教和这班兴妖作怪胡说八道的魔"。易白沙也发表《诸子无鬼论》一文，介绍了中国历史上王充等人的无鬼论学说，他针对灵学派的"鬼神之说不张，国家之命运遂促"的胡言，针锋相对地指出，中国几千年的历史证明："鬼神之势大张，国家之运告终。"鲁迅也在《随感录》中指出：只有宣传科学，反对鬼神迷信才能救中国。他说："现在有一班好讲鬼话的人最恨科学。因为科学能教道理明白，能教人思路清楚，不许鬼混，所以自然而然地成了讲鬼话的人的对头。"他还指出，"要救治几至国亡种灭的中国，不能靠这种鬼神之说，而要靠真正的科学"。这些有力的批驳，打击了灵学派的气焰，保卫了科学的权威，从而更推动了科学知识的广泛传播。

激进民主主义者在宣传科学思想的过程中还对宗教的实质和偶像崇拜进行了揭露和批判。陈独秀于1917 年发表了《再论孔教问题》一文，阐述了他对宗教和科学的态度。他认为科学是一种普遍的、永久的、必然的"自然法则"，随着人类的前进将"日渐发达"；而宗教是一种部分的、一时的、当然的"人为法则"，它只行之一国土一时期，决非普遍永久必然者。因此，他主张"以科学代宗教，开拓吾人真实之信仰"，进而他喊出了"一切宗教，皆在废弃之列"的口号。从这一思想出发，他在《偶像破坏论》中宣告一切宗教都是一种骗人的偶像："阿弥陀佛是骗人的，耶和华上帝也是骗人的，玉皇大帝也是骗人的，一切宗教家所尊重的崇拜的神佛仙鬼，都是无用的骗人的偶像，都应该破坏。"他还从哲学的高度分析了宗教的虚妄，他认为物质世界是客观存在的，是不随人们主观意志而改变的。世界上各种表面现象变化无常，但其实质也就是物质世界的客观性是不会改变的。如果只看到表面现象的变化无常而怀疑客观物质世界的存在，就会在物质世界之外去寻找一种虚无的东西作为本体，从而导致了宗教迷信。他还认为宗教使人轻视现实崇尚空谈，从而厌倦偷安，最终导致国家和民族的衰微。由此可以看出陈独秀的"以科学代宗教"和无神论思想是建立在唯物论的基础上，同时又是与国家、民族命运联系在一起。

李大钊也对宗教迷信和偶像崇拜进行了批判。和陈独秀一样，他也认为"宇宙乃无始无终自然的存在"。世间的一切现象都是"宇宙自然之真实本体"产生的，并遵循一定的自然法则发生变化。因此，人们对世界的认识都要建立在"自然之真理"的基础上。而"中国、印度乃至欧洲之自古传来"的种种宗教都以一种"绝对理性、绝对意思之不可思议的神秘的大主宰"为宇宙本体，不管是称为天，称为神，还是称为上帝，都是"超乎自然之上"，是"非生于今日世界之吾人所足取"的。他还从"物质和经济"的方面去寻找宗教产生的原因，认为宗教的产生与人类征服自然能力的低下密切相关。他大力呼吁崇拜真理，破除各种偶像崇拜。他指出偶像是一种"先入为主之偏见妄想"，与科学真理并不能相提并论的。他特别指出："吾国历史传袭最久，举国昏昏皆为崇拜偶像之人。"因此，宣传科学真理，打破各种偶像和迷信就显得特别重要。他特别号召青年人要破除偶像崇拜，不要相信什么"神秘主宰之惠与物"和"古昔圣哲之遗留品"，不要怕社会舆论的压迫，也不要顾忌法律的禁止，以勇往直前和不怕牺牲的精神去追求真理。他的这一号召，在当时的青年知识分子中产生了广泛的影响。以后毛泽东在《湘江评论》上指出的天不要怕，鬼不要怕，军阀不要怕的思想，就是对上述号召的引申和发展。

封建迷信和偶像崇拜总是与保守、落后联系在一起。因此，激进民主主义者在反对迷信和偶像崇拜的同时，又大力宣传进化论，号召人们特别是青年人建立科学的人生观。陈独秀受进化论特别是进化论中的发展观点影响颇深。他指出，"人类文明之进化，新陈代谢，如水之逝，如矢之行，时时相续，时时变易"。在这社会进化过程中，"陈腐朽败者无时不在天然淘汰之途，与新鲜活泼者以空间之位置及时间之生命"。因此，个人、民族要生存、要发展，就要努力奋斗，克服保守。他用这种观点鼓励人们特别是青年摆脱保守困境，树立奋进的人生观，不灰心，不丧气，勇往直前。他还号召青年树立科学的生死观，指出个人的生命是有限的而人类全体的生命是无限的，这是由进化的规律和物质世界的永恒性决定的。了解了这一点就要"既不厌生，复不畏死"，要把"吾身现实之生存"，看作"为人类永久生命可贵之一隙，非常非暂，益非幻非空"，因此，每个人不要只想到自己的生死，应该为人类的永存和发展作出自己的贡献。

李大钊以进化论为理论武器，大力宣传积极进取和乐观主义的人生观，反对消极、保守、落后的人生态度。他认为事物"是代谢的，不是固定的"，新事物必然战胜和代替旧的事物。同时他又认为社会生活的新陈代谢是要付出代价的。在这一过程中人的主观努力起了极为重要的作用。流血牺牲"永远是成功的代价"。因此，他鼓励青年在社会前进的过程中要充满信心，要把"送旧迎新"看作"人生最有趣味的事情"，同时又要不怕困难，"冲决过去历史之网罗，破坏陈腐学说之囹圄"，为建立"理想之中华"、"青春之中国"而努力奋斗。与陈独秀一样，李大钊也根据宇宙的"无限"与"一生之命"的"有限"论证了他的人生观。他认为对于每一个人来说"有生即有死"，生命是"终于有涯"的，青春的进程非常有限。因此，青年人应该珍惜青春，不要"坐令似水年华，滔滔东去"；同时也不要畏惧"老死"，到年纪老了，也不必"灰肠断气"，要永葆青春活力，做到"生于青春死于青春，生于少年死于少年"。激进民主主义者这种建立在科学认识基础上的人生观和生死观，充满着积极进取和乐观主义的精神，对于唤起青年的觉醒，激励青年的斗争起到积极作用，同时也是对他们提出的科学口号内容上的深化。

3 新文化运动中对孔学和封建礼教的批判

随着民主和科学新思潮的兴起，激进民主主义者认识到作为民主和科学的对立面，专制和武断，迷信和愚昧的理论根源都来自孔子学说和封建的纲常礼教。出于民主和科学启蒙的需要，激进民主主义者又深入地将批判的矛头引向孔子学说、尊孔思想以及封建纲常礼教，并喊出了"打倒孔家店"的口号。

首先，激进民主主义者认为孔子学说是封建君主专制和帝制复辟的祸根和思想基础。在新文化运动中第一个点名批判孔子的是易白沙。他在1916年2月发表的《孔子评议》中说："孔子尊君权，漫无限制，易演成独夫专制之弊"，"孔子讲学不许问难，易演成思想专制之弊"。正因为如此，孔子成了历代封建专制统治者乐于利用的"百世之魂"。

陈独秀也接着举起了反孔的大旗，他指出，"孔教与帝制有不可离散之因缘"。孔教所主张的"别尊卑，重阶级，事天尊君"正适应了专制帝王的需要，是"制造专制帝王之根本恶因"。他揭露了袁世凯为恢复帝制而大力鼓吹尊孔读经的事实，又对康有为上书国会要求定孔教为国教，并列入宪法的谬论进行了无情的批判。他认为"中国帝制思想"经袁世凯试验而失败了。而"康先生"却唯恐国人抛弃"帝制根本思想"，所以仍然"锐意提倡"，竟上书政府请求"拜孔尊教"。这种主张为害于社会思想进步的作用是非常大的。他指出："孔子生长封建时代，所提倡道德，封建时代之道德也，所垂示之礼教，即生活状态，封建时代之生活状态也，所主张之政治，封建时代之政治也。"这些封建时代的道德、礼教、生活、政治，所注重的只不过是少数君主贵族的权利和名誉，与多数国民的幸福没有关系。因此，陈独秀认为孔子之道不能适应现代生活；定孔教为国教，不但违反思想自由的原则，而且违反宗教信仰自由的原则；主张民主国家祀礼，就像要求专制国家祀华盛顿、卢梭一样荒唐。他还指出"主张尊孔，势必主君；主张主君，势必复辟"，因此，"孔教与共和乃绝对两不相容之物，存其一必废其一"。他认为孔教思想和尊孔思想都是"反对民权之思想之学说"，如果不将他们"铲除净尽"，则"无数废共和复辟帝制之袁世凯，当然接踵应运而生"。而且不光要在思想界"铲除净尽"，而且要将国民脑子里的这些思想"一一洗刷干净不可"，"否则共和政治不能进行，就是这块共和牌子，也是挂不住的"。

李大钊也对孔子学说进行了深刻批判。他断言："孔子者，历代帝王专制之护符也。"因为"孔子生于专制之社会，专制之时代，自不能不就当时之政治制度而立说，故其说确足以代表专制社会之道德，亦确足为专制君主所利用资以为护符也"。因此，"历代君主，莫不尊之祀之，奉为先师，崇为至圣"。而这种"残骸枯骨"的学说是与民主、自由、平等的时代精神不相容的。他认为，批判孔子的实质不在于批判孔子本身，而是批判历代帝王所塑造的孔子偶像的权威，是为了批判"专制政治之灵魂"。就这点出发，李大钊认为康有为提出将孔教列入宪法是"怪诞的事实"。如果真是这样，这部宪法将是"陈腐死人之宪法"，"荒陵古墓中之宪法"，"护持偶像权威之宪法"，是孔子的"纪念碑"和"墓志铭"。他愤怒地谴责这种尊孔复古的言论是"专制复活之先声"，"乡愿政治之见端"。

最先提出"打倒孔家店"口号的是被胡适誉为"四川省只手打孔家店的老英雄"的吴虞。辛亥革命前，吴虞就觉察到"孔教讲尊卑贵贱……尤专制之所喜，而亦弱中国之一大原因"。新文化运动兴起后，他写信给陈独秀，认为尊崇孔学"阻碍文化之发展，以扬专制之余焰"，因此，对孔学进行批判是民主潮流发展的必然要求。他从四川大量投稿到北京的《新青年》，义无反顾地投身于"打倒孔家店"的战斗。他认为孔子的儒家学说误国误民，造成"愚民日陋劣，政府日专横，学绝道矣"。甚至中国的"丧权辱国，败绩蹙（cù 促）地，一蹶不振"也是由于"儒教之影响"。他敏锐地看到了封建帝制复辟活动与尊孔读经活动之间的密切联系，着重揭露了帝制与儒教"交相为用"的关系。他认为"霸主民贼"利用儒家的经传"以遂其私而钳制天下"，而儒教则利用"霸主民贼之力，以扩张其势而行其学"。因此，袁世凯复辟帝制时就大搞"祭天祀孔"的活动。但他认为民主共和已成为不可抗拒的世界潮流，维护君主专制制度的儒家思想必然被淘汰。康有为等以尊孔读经来反对民主共和就好像是蚍蜉撼树不自量力。吴虞还将批判矛头直接指向孔子本人，把孔子称为"盗丘"，指斥孔子是"谄佞之徒"，"湛心利禄，故不得不主张尊王，使君主神圣尊严，不可侵犯，以求亲媚"，"诚可为专制时代官僚派之万世师表者也"。他还从反对文化专制主义的观点出发，对汉代以来的儒学进行了全面的抨击。他认为董仲舒的"天不变道亦不变"之说，"原本于孔孟"，是以"经术"来掩饰封建专制君主的"淫刑之具"；汉武帝的"罢黜百家，独尊儒术"是将"诛乱臣贼子之法施之于学术"，导致"吾国学术人才之颓堕"；韩愈的道学是旧学的代表，是"腐儒的门面"；宋明理学只会唱高调，实则空疏无用；清代的汉学"外慕纷华，中藏利欲"，导致"人才衰微，不克振起"，"不适于生存竞争之世"。总之，他全面否定了在中国封建社会占统治地位的儒家思想，认为"儒教专制统一，中国学术扫地"。由此，他得出结论："儒教不革命，儒学不转轮，吾国遂无新思想，新学说，何以造新国民？"他将"儒教革命"与"造新国民"联系起来，当然不是要建立康有为主张的新孔教，而是要按照资产阶级民主共和的要求，进行一场推翻"孔家店"的思想文化革命。

在批判孔教和尊孔思想的同时，激进民主主义者还将批判矛头集中对准儒家提倡的封建礼教和封建宗法制度，指出它们是维护封建君主专制的工具。他们指出：三纲五常是封建礼教之大全，是维护封建君主专制秩序的最高准则，又是使天下男女丧失独立自主人格而成为奴隶的锁链。陈独秀说："君为臣纲，则民于君为附属品，而无独立自主之人格矣。父为子纲，则子于父为附属品，而无独立自主之人格矣。夫为妻纲，则妻于夫为附属品，而无独立自主之人格矣。"他认为，正是这三纲使天下所有的人都丧失了独立自主之人格，成为封建专制统治的附属品。吴虞对儒家所提倡的"礼教"的实质进行了揭露，认为孔子所主张的尊卑贵贱的等级制度由"天尊地卑"演化为"君尊臣卑"，"父尊子卑"，"夫尊妇卑"，"官尊民卑"，这样就严格区分了上下、尊卑、贵贱的名分。而这种名分又被说成是天理的规定，是不可逾越的，其最终目的则在于维护君主专制制度。

激进民主主义者对于封建礼教的批判与辛亥革命

前资产阶级革命派围绕对君权的批判而展开的对封建礼教的批判有所不同，他们把封建礼教的三纲五常同社会组织中的宗法家族制度与政治上的君主专制制度联系起来，作为三位一体的东西加以批判，并着重通过对族权的批判而展开对君权、夫权以至神权的批判。他们认为：三纲五常是君主专制统治的理论基础，宗法家族制度是君主专制制度统治的社会基础。吴虞就指出："儒家以孝、悌二字为二千年来专制政治与家族制度联结之根干。"中国之所以始终"颠顿于宗法社会之中而不能前进，推原其故，实家族制度为之梗也"。陈独秀也指出："宗法社会，以家族为本位，而个人无权利，一家之人，听命家长。"而封建国家组织就是一个扩大的家族，君主就是全国的大家长。因此，君主专制统治，就是扩大的家长统治。正因为如此，儒家特别重视"孝"、"悌"，把"孝"看作"仁之本"和"百行之本"。吴虞认为，正是因为"孝的范围，无所不包"，家族制度与专制政治都是靠"孝"来维系，也是靠"孝"把两者联结在一起。"以孝事君则忠"、"求忠臣于孝子之门"都是讲的这个意思。因此，吴虞认为"他们教孝，所以教忠，也就是教一般人恭恭顺顺地听他们一干在上的人愚弄，不要犯上作乱。把中国弄成一个'制造顺民的大工厂'"。他提出，不彻底砸烂这个"制造顺民的大工厂"，不改变中国的专制政治和家族制度，中国就不能新生富强。

激进民主主义者还用近代西方资产阶级自由平等的权利观念和人道主义原则对封建礼教和家族制度进

行批判。吴虞认为封建礼教的尊卑贵贱的等级制度是违背平等博爱原则的。他说："俾安卑贱，弗与其事，平等之谊，何以自生？阶级尊严，则博爱之言，终成虚设。"就是说让下层人民安于卑贱，就谈不上平等，保持上层等级尊严就谈不上博爱。陈独秀也指出封建礼教"别尊卑，重阶级（等级）"是反对民权思想的学说；而共和立宪制度是以独立平等自由为原则的，与三纲五常和等级制度是绝对不相容的。因此，只有废除三纲五常和等级制度才能实现真正的共和立宪。他还从对比东西方民族根本精神出发否定了中国的宗法家族制度。他指出"西方民族以个人为本位"，因此，社会和国家保障个人的自由权利和幸福、思想言论自由、个性发展；而中国的宗法社会"以家族为本位，而个人无权利"。这就造成损坏个人独立自尊人格，窒碍个人意志自由，剥夺个人法律上平等的权利，挫伤个人的生产力等恶果。因此，中国要振兴，就必须以"个人本位主义易家族本位主义"。这种批判使新文化运动中的反孔反礼教斗争富于更鲜明的近代色彩，也使"打倒孔家店"的口号与"民主和科学"的口号更紧密联系起来。

新文化运动的主将之一鲁迅则主要用他的文学作品深刻揭露了封建专制主义和封建礼教的罪恶。他的《狂人日记》是一篇声讨封建礼教罪恶的檄文，它无情地揭露了封建礼教和仁义道德的"吃人"本质。他假借一个"狂人"的口吻说道："我翻开历史一查，这历史没有年代，歪歪斜斜的每页上都写着'仁义道德'

几个字。我横竖睡不着，仔细看了半夜，才从字缝里看出字来，满本都写着两个字是'吃人'。"这种对封建礼教的深刻揭露很快在新文化运动中产生极大的震动，反对"吃人的礼教"成为人们的心声和口头禅。吴虞见到鲁迅这篇小说后，"不觉得发了许多感想"，并写了《吃人与礼教》一文在《新青年》上发表。他用大量历史事实来证明中国专制统治者"一面会吃人，一面又能够讲礼教"。他愤怒地指出："孔二老先生的礼教讲到极点，就非杀人吃人不成功，真是惨酷极了！一部历史里面，讲道德，说仁义的人，时机一到，他就直接间接的都会吃起人肉来了。"因此，他呼吁人们不要上"那些吃人的人设的圈套"，"应该明白了！吃人的就是讲礼教的！讲礼教的就是吃人的！"鲁迅和吴虞这种对封建礼教"吃人"本质的揭露将新文化运动中对孔教和礼教的批判推向了一个新的高度，确实产生了振聋发聩的启蒙作用。

激进民主主义者还特别批判了封建礼教中夫权主义对妇女的摧残和毒害。陈独秀认为：封建礼教是压制妇女的精神枷锁，也是妇女独立自营生活的障碍。他指出妇女参政是现代文明妇女生活的一个方面，而封建礼教则鼓吹"妇人者，伏于人者也"，"女不言外"。妇女参政在封建礼教的维护者看来简直成了"奇谈"。他还揭露封建礼教要求妇女"从一而终"，"夫死不嫁"，造成许多妇女"不自由之名节，至凄惨之生涯，年年岁岁，使许多年富有为之妇女，身体精神俱呈异态者"。他愤怒地谴责说：此"乃孔子礼教之赐也!"李大钊也对封建礼教下的男女不平等和对妇女的压制进行了揭露。他说,在封建礼制下,"女子要守贞操,而男子可以多妻蓄妾;女子要从一而终,而男子可以细故出妻(即以很小的借口休妻——引者注);女子要为已死的丈夫守节,而男子可以再娶。就是亲子关系的'孝',母的一方还不能完全享受,因为伊是隶属于父权之下的,所以女德重'三从','在家从父,出嫁从夫,夫死从子'。"他还指出,孔子的伦理道德,"于父妇关系,只用几个'顺'、'从'、'贞节'的名辞,使妻的一方完全牺牲于夫,女子的一方完全牺牲于男子"。因此,他主张实行民主政治,就要废除这些专制的封建礼制,实现两性之间的 Democracy(民主),"这比什么都要紧"。鲁迅则着重批判了封建礼教强加于妇女的"节烈"观。他在《我的节烈观》一文中指出封建礼教的节烈观要求妇女在丈夫死后,决不再嫁或丈夫死了跟着自尽,一个是活着死守,一个是从死地下,都是惨绝人寰的毫无人理的"道德"。他痛斥这种节烈观是一种"于人生将来又毫无意义的行为",是一种"害己害人"和"制造并赏玩别人苦痛的昏迷和强暴"。他大声呼吁要除去这些"昏迷和强暴","要人类都受正当的幸福"。吴虞也揭露了封建礼教对妇女的残酷压迫。他谴责宋明理学家用"饿死事小,失节事大"一类的鬼话来残害妇女。在以他妻子名义发表的《女权平议》一文中他着重批判了"夫为妻纲"的封建观念,认为这种观念是"视妇人不啻机械玩物,卑贱屈服,达于极点"。他用资产阶级人道主义原则来反对这种观念，认为"三从七出谬谈，其于人道主义皆大不敬，当一扫而空之"。胡适也以美国式的民主自由思想驳斥了封建礼教的贞操观，他认为封建礼教的贞操观，第一没道理的是"替未婚夫守节和殉烈的风俗"。因此，"第一步就该反对这种忍心害理的烈女论"，"还要公认这是不合人情，不合天理的罪恶；还要公认劝人做烈女，罪等于故意杀人"。这种批判与鲁迅批判封建礼教节烈观是"制造并赏玩别人苦痛的昏迷和强暴"可谓是异工同曲，都深刻揭示了封建礼教杀人吃人的罪恶本质。

总之，新文化运动中，激进民主主义者对孔学和封建礼教的批判无论是在广度还是在深度上都超过了戊戌维新时期和辛亥革命时期对孔学和封建礼制的批判，从而构成近代启蒙思潮高涨的一个重要表现和特征。

4 新文化运动中的国民性改造思潮

在探究辛亥革命失败的原因时，激进民主主义者认识到，没有合格的国民，没有"多数国民"的觉悟，就不可能建立一个真正的民主共和国。而要造就合格的共和国国民，首先必须使国民具有"国民之思想人格"。同时，在批判孔教和封建礼教过程中，激进民主主义者看到孔教和封建礼教最大的危害在于养成了人们的奴性和劣根性。因此，由民主和科学的启蒙，对孔教和封建礼教的批判，合乎逻辑地引导激进民主主义者对国民性改造问题进行思考，从而形成了继辛亥启蒙思潮后中国近代史上又一个国民性改造思想的高潮。

对于"国民性"的含义，激进民主主义者有着不同的理解。陈独秀将"国民性"与"奴隶性"对称，强调要打破"奴隶道德"，认为合格的国民不仅要有"政治之觉悟"，更重要的是要有"伦理之觉悟"，这是"最后觉悟之最后觉悟"。因而他比较多地从伦理道德的角度来理解国民性。李大钊在论述"国民之精神"时，较多地强调"自由之精神"，"自我之权威"，"自我之觉悟"，注重于从自我意识的角度理解国民性。鲁迅则认为国民性是一种"理想的人格"，更着重从个性解放角度理解国民性。尽管这些关于"国民性"含义的理解的侧重点有所差异，但其根本精神却是一致的，这就是以近代资产阶级的个性解放、人道主义思想为武器，唤起国人的自我主体意识，使国人的精神从封建道德和封建文化的束缚和压制下解放出来，以塑造"理想的人性"。

陈独秀认为中国传统的三纲道德取消了人们"独立自主之人格"，而"人格丧亡"，"民德"、"民志"、"民气"也"扫地尽矣"，从而造成"中国人虚伪，利己，缺乏公共心、平等观"的"奴隶性"。因此，他强调要"尊重个人独立自立之人格"，要打破"奴隶道德"。这一方面是建立真正的民主共和国的需要，因为"要巩固共和，非先将国民脑子里所有反对共和的旧思想——洗刷干净不可"，"否则不但共和政治不能进行，就是这块共和招牌，也是挂不住的"。更重要的在于，打破这种奴隶道德，进行"道德革新"是为了"内图个性之发展，外图贡献于群"，是要彻底发扬人类本能上光明方面，彻底消灭本能上黑暗方面，来救济社会悲惨不安的状况。也就是说，改造国民性是为了达到人类本能即人性的完善，进而改造整个社会。

在新文化运动的激进民主主义者中，最早并且正式提出改造国民性问题的是鲁迅。早在辛亥革命前鲁迅求学于日本时就与好友许寿裳讨论了"国民性"的问题，他提出了三个问题，一是怎样才是最理想的人性？二是中国国民性中最缺乏的是什么？三是它的病根何在？他意识到中国人民在思想意识和性格上的许多痼疾，都是封建蒙昧主义禁锢的结果。传统的思想文化的最大弊端就是扼杀人的主体意识，把人治得愚昧、麻木、盲从、落后。因此，他认为中国人民的精神状态如果不从封建传统文化的束缚和压抑下解脱出来，革除旧意识的话，中华民族就很难立足于世界。为此他提出要"掊物质而张灵明，任个人而排众数"，所谓"张灵明"就是发扬人的内在精神，所谓"任个人"就是要解放个性。也就是要革除旧意识，从根本上解放人的思想。基于这种认识，他进而提出了"立人"的主张，认为"人立而后事举"，也就是说人的重新塑造是最根本的。辛亥革命失败后，鲁迅进一步认识到国民劣根性的危害。他在总结革命失败的教训时说：革命排满是"容易做到的"，但"要国民改革自己的坏根性，于是就不肯了。所以此后最要紧的是改革国民性，否则，无论是专制，是共和，是什么什么，招牌虽换，货色照旧，全不行的"。因此，他在经过一番苦闷和思索后又以战斗者的姿态投身于新文化运动，并对"国民性"问题进行了更为深入的思考。在他发表的第一篇白话小说《狂人日记》中，他一方面揭露了封建礼教和家族制度"吃人"的本质；另一方面也通过"狂人"的观察，揭示了在封建专制主义和封建礼教的钳制和毒害下人们麻木愚昧到把被人吃和吃人都看作天经地义的事情。之后，他又在一系列文章中从不同角度剖析了中国国民性的"卑怯"、"贪婪"、"自私"、"自大"、"苟活"、"爱面子"、"精神麻木"、"自欺欺人"等劣根性。在他继《狂人日记》后写作的一系列小说中，生动形象地展示了下层社会中不幸人们的种种精神病态，如孔乙己的"要面子"，华老栓的"愚弱"，闰土的"麻木"，阿Q的"精神胜利"。通过这些艺术形象的塑造，鲁迅试图说明一点："凡是愚弱的国民，即使体格如何健全，如何茁壮，也只能做毫无意义的示众的材料和看客。"鲁迅不仅揭示了下层社会人们的精神病态，而且也剖析了一些先觉的知识分子身上的弱点。如《在酒楼上》中的吕纬甫和《孤独者》中的魏连殳，他们曾是五四高潮时的反封建勇士，但当高潮过去以后，他们都逐渐颓唐消沉，倒退到他们以前所极力反对的境地。这同样也是对"国民性"弱点的令人深思的揭示。

在批判、抨击中国传统"国民性"弱点的同时，激进民主主义者又从各方面论述了理想国民性即理想人性所具备的特质。

独立自立的原则。这是针对传统国民性中最大的弱点即奴隶性提出来的。激进民主主义者在这方面进行了大量论述。他们从"天赋人权"出发，认为"自主之权"是每个人所天然应该享有的，是所有人权中最根本的。这种权力既不容他人剥夺，更不应该自己放弃。同时，他们从"个人本位主义"出发，认为"自主独立的人格"是人之所以为人的根本。他们大力提倡个人的自我主体意识，废除一切依赖性，"自居于主人的主动地位"，进而争取"法律上之平等人权，伦理上之独立人格，学术上之破除迷信，思想自由"。

自强自尊的态度。这是针对传统国民性中的卑弱特点提出的。所谓自强自尊，就是要有一种"自觉自重之精神"，要坚信"人生幸福，是人生自身出力造成的，非是上帝所赐"。因此，要有"天下者，我们之天下"、"我们不说，谁说？我们不干，谁干"的豪情壮志。要正视人生，反对"天命论"，反对"顺世堕落"，"厌世自杀"。同时要维护自身的尊严，充分体现自身的人生价值。

真诚博爱的胸怀。这是针对传统国民性的"自私"、"贪婪"、"虚伪"等劣根性提出来的。激进民主主义者虽然主张个人本位主义，但他们反对为一己之利益而损害他人之利益，主张事事"推己及人"，"以尊重一己之心推而施诸人人"。鲁迅认为，中国传统国民性中"最缺乏的东西是诚和爱"，而充满着"瞒和骗"。因此，他呼吁"精神界之战士""作至诚之声"，

"作温煦之声"，以唤起国民真诚和博爱的理想人格。

进取竞争的意识。这是针对传统国民性中保守、安命知足的惰性而提出来的。激进民主主义者从进化论的角度认识到人的进取、竞争性是生存发展的根本条件，因而也是理想国民性中最重要的方面之一。他们指出，传统国民性中的"苟安忍辱，恶闻战争"，"退缩谦让"，"逆来顺受"，"不为天下先"等，"都是吾华人最大病根"。因此，要勇于开拓，敢于冒险，不甘沦亡，不甘落后，不安于现状，以尽"人生之天职"。

开放、世界的观念。这是针对传统国民性中封闭、虚骄自大的劣根性提出来的。激进民主主义者认为近代中国正处于向前发展的世界潮流之中，而中国的许多人仍然"执特别历史国情之说，以冀抗此潮流"，这是"有锁国之精神，而无世界之智识"。而国民无"世界智识"，其国家也难以独立存在于世界。因此，他们呼吁"不能漠视外情，自为风气"，要打破形形色色的锁国闭关和夜郎自大的心态，要吸取"世界之智识"，跟上世界潮流。

科学务实的精神。这是针对传统国民性中的迷信、愚昧、虚文和"妄作之风"而提出来的。激进民主主义者认为当时的国民仍处于"蒙昧之世"，是"浅化之民"，其思想仍受"无常识之思维，无理由之信仰"的束缚。只有讲求科学，"一遵理性"，才能破除迷信，去除"无知妄作之风"。他们还认为，"一切虚文空想"于个人于现实生活都是不利的。而中国长期以来

"名教之所昭垂，人心之所祈向"都是"崇尚虚文"。因此，要大力提倡务实精神，"崇实际而薄虚妄"，结束"愚昧劣等之生活状态"。

从以上激进民主主义者所主张的理想国民性的特征我们可以看出，新文化运动中的国民性改造思潮无论其深度和广度与辛亥革命时期的国民性改造思想相比都显得更广泛和更深刻。尤其是新文化运动中的国民性改造思潮似乎已经开始突破仅仅为建立资产阶级共和国培养合格国民这一功利目的的局限，而初步具有争取"人的完全恢复"，追求理想人性的更高境界，从而使其启蒙意义更加鲜明。

⑤ 新文化运动中的东西文化论战

新文化运动的实质是以近代资产阶级文化反对中国传统封建文化，它势必引起封建余孽和复古派的反对。新文化运动兴起后，以林纾、辜鸿铭、刘师培为代表的"国故派"，以胡先骕、梅光迪、吴宓为代表的"学衡派"和以梁启超、梁漱溟、章士钊为代表的"东方文化派"，分别向新文化运动进行反扑，他们或公开主张复古倒退，提倡"保存国粹"，咒骂新文化运动，或以"昌明国粹，融化新知"为宗旨攻击新文化运动，或试图证明西方文化不如东方文化以否认新文化运动。激进民主主义者为打退封建复古派的反扑，也对东西方文化进行了比较，并得出西方近代资产阶级文化优于中国封建传统文化的结论。这就必然引发一场关于东西文化的论战。

1915 年陈独秀和李大钊等以《新青年》为主要阵地，展开了对西方文化的宣传和对"东方精神文明"、"国粹"的猛烈进攻。陈独秀在《敬告青年》中提出了"自主的而非奴隶的"，"进步的而非保守的"，"进取的而非退隐的"，"世界的而非锁国的"，"实利的而非虚文的"，"科学的而非想象的"六主义，实际上是揭示了东西文化差异的表现。接着，他在《东西民族根本思想之差异》一文中又进一步分析了产生这些差异的原因。他认为中国以安息、宗族、感情、虚文为本位，而西方以战争、个人、法治、实利为本位。他特别强调个人本位和家族本位对两种文化差异的影响，认为中国"社会中种种卑劣不法惨酷衰微之象"，其根源都在于以家族为本位的宗法制度，因此，他激烈地主张"以个人本位主义，易家族本位主义"。这一主张反映了这一时期激进民主主义者中西文化比较观的指导思想。

针对陈独秀对东西文化之差异的比较，伧父（杜亚泉）在《东方杂志》上发表了一系列论述东西方文化优劣的文章，其目的就是要证明西方文化不如东方文化。他在《静的文明和动的文明》一文中将西洋文化比作浓郁的酒和腴美的肉，将中国文化比作淡泊的水和粗粝的蔬菜。他认为西方文化如"中酒与肉之毒者"，需要用中国文化的"水及蔬疗之也"。他把西方社会和中国社会分别归类于"动的社会"和"静的社会"，并断言由"动的社会"产生"动的文明"，由"静的社会"产生"静的文明"。他认为这两种文明可以互相补充，取长补短，但是"不可不以静为基础"。因为"吾国固有之文明，正足以救西洋文明之弊"。他还认为西方文化只注重功利主义而弃置精神生活，不利于学术的发展。西方文化的传入破坏了中国的"统一国是"，即儒家的纲常名教。因此，他主张结束这种混乱局面，以儒家思想加以"统整"。伧父的这些观点在舆论和知识界造成了很大的影响。针对这些观点，李大钊、陈独秀等进行了针锋相对的反驳。

李大钊发表了《东西文明根本之异点》的文章。他也将东方文明主静，西洋文明主动作为自己的论题。但他认为中国的"静的文明"，精神的生活已处于屈败之势，"中国文明之疾病已达炎热最高之度"，而"动的文明""虽就其自身之重累而言，无不趋于自杀之倾向"，但与中国"静的文明"相比，则"实居优越之域"。因此，他反对伧父的以东方"静的文明"济西方"动的文明"的穷的主张，反其道而提出"竭力以受西洋文明之特长，以济吾静止文明之穷"。他号召青年全力以赴研究西方文明中的科学精神，对"从来静止的观念、怠惰的态度"实行"根本的扫荡"。

陈独秀则连续发表了《质问〈东方杂志〉记者》、《〈新青年〉罪案之答辩书》、《再质问〈东方杂志〉记者》等一系列文章，对伧父的观点进行了批驳和质问。他针对《东方杂志》的西方重功利主义只注重物质的观点反驳说：以是否重精神或物质来区分与评判东西文化的优劣是没有道理的。因为西洋文明于物质生活之外，还有精神文明，而中国固有文化的精神生活则主要是"君道臣节及名教纲常"或"种种不洁的恶臭生活"。他还指出，《东方杂志》将贪鄙、不法、苟且、势利等视为利己主义，是"不明功利主义之真价值及其在欧美文明史上的成绩"。他质问说，功的反面是罪，利的反面是害，《东方杂志》反对功利主义，岂不是赞成"罪害主义"吗？

在这场东西文化孰优孰劣的论战中，陈独秀断然主张："若是决计革新，一切都应该采用西洋的新法子，不必拿什么国粹，什么鬼话来捣乱。"这种被看作开"全盘西化"说先河的过激言论，在新旧思潮斗争极为尖锐的条件下提出应该是可以理解的。激进民主主义者也承认，为了反击复古派的谬论，唤起国人的觉醒而不得不"矫枉过正"。这种"矫枉过正"尽管说明了激进民主主义者在理论上的不成熟，但它又不失为一种使中国这个传统包袱过于沉重的民族跳出历史窠臼的必要动力。他们主张"一切采用西洋的新法子"，其注重点不在于否认中国传统文化中的精华，而在于批判和抛弃封建传统文化。因此，这种似乎偏激的言论在客观上是具有进步意义的。

1919年下半年，五四运动刚刚过去，双方又展开了关于新旧思想能否调和的争论。由于五四新潮流的冲击，完全拒绝新文化已为形势所不允许，因此，东方文化派又提出了新旧调和的议论。从1919年秋开始，章士钊、伧父、陈嘉异纷纷发表讲话和文章，鼓吹新旧调和说。他们认为"不有旧，决不有新，不善于保旧，决不能迎新"，主张把东西文化"撷精取粹"，"溶铸一炉"，以成为"吾国新社会研治之基"。实质上，他们强调的还是西方文明不适应新形势，中国固有文明具有"证明西洋现代文明之错误"的能力，认为中国固有文明经过科学方法加以刷新，可以成为"未来世界文明之指导者"。而这种刷新，只不过是把西洋文明"融合于吾固有文明之中"。不难看出，这种中西文化调和论只不过是"中体西用"论在新形势下的翻版，其实质仍是要在整体上扼杀西方资产阶级文化。

激进民主主义者对这一貌似公允的"调和论"进行了反击。他们指出，旧文化和新文化是水火不相容的，只能"以新代旧"，而不能"以旧容新"。陈独秀在《调和论与旧道德》一文中概括了"调和论"的两个主要论点，一个论点是认为"太新也不好，太旧也不好，总要新旧调和才好"，而不比较新旧思想"实质上的是非"。另一种观点是"物质的科学是新的好，西洋的好，道德是旧的好中国固有的好"。他认为这两种论点与"新文化运动及思想改造上有很大关系"，不得不加以讨论。他指出：新旧调和在思想文化史上作为一种自然现象是存在的，但是不能作为我们的主张。他指责"调和论"正是以这种新旧杂糅的自然现象来淆乱对于新旧文化"实质上的是非"的比较和评论。他进一步指出：道德的不进步是人类普通的现象，并不限于东洋或西洋，之所以要进行"道德革新"就是因为"中国和西洋的旧道德观念都不彻底"。西方社会中的种种不良现象，正是"私有制下的旧道德"所造成的。他特别批判了中国固有道德的弊端，认为"若说道德是旧的好，是中国固有的好，简直是梦话"。这些论点不仅有力地批判了"调和论"，而且说明陈独秀对中西道德优劣的分析比起五四运动前来说要理性得多了。

当时已经开始接受马克思列宁主义的李大钊在《新青年》上连续发表了《物质变动与道德变动》、《由经济上解释中国近代思想变化的原因》两篇文章，第一次运用唯物史观对"新旧调和论"进行了批判。他针对"物质开新，道德复旧"的论调，指出：道德的性质和状况必然与经济的性质与发展程度相适应，经济变动是道德变动的根本原因，因此，把西方的科学技术和东方的封建伦理纲常加以调和只是一种幻想。他进一步分析了中国的经济状况，认为中国的经济变动是不可阻挡的，中国的大家族制度的"崩颓粉碎"，"君权"、"父权"、"夫权"的"崩溃粉碎"，孔子主义的"崩溃粉碎"都是不可避免的。而新思想则是"应经济的新状态，社会的新要求发生的，不是几个青年凭空造出来的"，因此，也是无法阻挡的。李大钊的这些观点固然还有许多缺陷，如他对道德起源和本质的分析基本上还是以进化论作为理论基础，他对中国经济状况的分析和对唯物主义的理解也有不够准确的地方。但是他却是近代第一个试图用马克思主义的经济决定论来说明新道德必然要代替旧道德，中国传统文化必然要让位于新文化的启蒙思想家。他的观点无疑代表了当时理论上的最高水平，同时也揭示了仅仅用资产阶级启蒙思想已经无法完成反对封建传统文化的任务，并预示着马克思主义的思想启蒙将取代资产阶级的思想启蒙。

五　五四运动后的马克思主义思想启蒙

在新文化运动中，广大知识分子的思想获得了空前的解放。在这一思想解放运动中，马克思主义越来越受到激进民主主义者和广大知识分子的重视和研究。经过理性的思索和选择，许多激进民主主义者开始接受马克思主义，并运用马克思主义的有关理论来观察分析中国社会现实。于是在五四运动后，新文化运动开始分化。一部分激进民主主义者如李大钊、陈独秀等开始转变为早期马克思主义者。与此同时，资产阶级启蒙思潮却在逐渐衰退。马克思主义的传播日益成为五四运动后思想文化领域的主流。

1 五四运动后资产阶级启蒙思想的逐渐衰退

新文化运动的倡导者主要的思想武器有"个性解放"、"进化论"和"科学思想"。这些思想武器作为封建思想文化的对立面，无疑对封建专制主义和蒙昧主义起着巨大的冲击作用。然而，随着时代的发展，这些思想武器的局限性也越来越明显地表现出来。

首先，从国际大环境看，新文化运动发生在世界资本主义已进入帝国主义阶段，资本主义社会的基本矛盾日益尖锐，西方资本主义社会的各种顽症如经济危机、战争、道德的沦丧等都与西方启蒙先驱者所向往、赞颂的理性、博爱、自由、平等等形成了巨大的反差。这种严酷的现实不能不使从西方启蒙先驱那里接受了同样思想武器的中国激进民主主义者逐渐对他们所掌握的武器的现实价值产生了怀疑。启蒙的本质是一种"重新估定一切价值"的怀疑和批判精神。在新文化运动的后期，启蒙者的思想武器也在社会现实面前遭到怀疑和"重新估定"。陈独秀从高举利己主义旗帜到呼吁抛弃"私有制度"下的利己主义道德，正说明了旧的启蒙思想武器所面临的窘境。

其次，从中国当时面临的具体社会条件来看。当时激进民主主义者所掌握的思想武器在戊戌维新、辛亥革命过程中已经被维新派和革命派使用过。尽管由于接受了以前失败的教训，激进民主主义者将注意力从政治改革和政治革命转向"伦理革命"、"道德革新"，更重视对人的改造，从而使启蒙运动具有更深刻的内容。然而就其思想武器本身而言，并无多少新的东西。在军阀统治日益黑暗和民族危机进一步加深的情况下，掌握着启蒙思想武器的激进民主主义者却陷入两难的境地：由于其思想武器在政治上的无可奈何，他们只得宣称"批评时政，非其旨也"；然而，强烈的社会责任感使他们无法对日益恶化的政治局势和日益深化的民族危机保持政治上的冷漠。"救亡"和"启蒙"两大时代主题迫使他们改造旧的思想武器或寻找新的思想武器。于是，资产阶级启蒙思潮的逐渐衰退就成为了历史的必然趋势。

再次，从激进民主主义者的思想武器本身来看，在反对封建传统思想文化的过程中也表现出软弱、片面和肤浅等等弱点。这就决定了即使使用这些思想武器仅仅完成反对封建传统思想文化的任务也是非常困难的。

激进民主主义者利用近代启蒙思想武器反对当时的尊孔复古逆流，这无疑是十分必要的，其意义也是应予充分肯定的。然而一接触到尊孔复古思潮背后所隐藏的封建军阀专制独裁统治，其局限性就明显地表现出来。陈独秀在论及民国初年的混乱政治局面时认为这一现象的原因在于"人民程度太低"，解决的办法是在共和政体下启发人民的"政治觉悟"和"伦理觉悟"，"使其民尽成共和之民"，"惟其民适于共和之数加多，则政治上所行共和之量自广尔"。坚持共和制度自然是对的；对人民进行民主思想的启蒙无疑也是必要的。然而问题的实质在于：民国初年"乱"的根源在于军阀独裁和政客统治。试图仅仅通过坚持民主共和的形式和对人民进行启蒙来实现"真共和"，只能说明激进民主主义者的改良主义幻想。这本身就是"政治觉悟"不高的表现。

激进民主主义者还将批判孔学和封建礼教与发展

资本主义的要求联系起来。他们认为"现实生活经济为命脉，而个人独立主义，乃为经济学说之大则"。经济学上要求"个人财产独立"，伦理学上就必然要求"个人人格独立"。而孔学和封建礼教使人们"既失个人独立之人格，复无个人独立之财产"。因此，要发展资本主义，实现资本主义私有制，就必须反对封建礼教。这种强烈要求发展资本主义的愿望固然是符合时代要求的，然而，激进民主主义者强调的是自由发展资本主义的方式。而作为帝国主义时代的一个半殖民地国家，已经不存在自由发展资本主义的条件。强调以个人独立主义来发展资本主义而忽略民族解放和民族独立，这不能不说是激进民主主义思想武器的一大局限。

激进民主主义者反对尊孔，认为"孔子之道不适于现代生活"。其理论依据主要是"一时代有一时代之思想"的进化论。他们认为"道德之进化发展，亦泰半由于自然淘汰，几分由于人为淘汰"。孔子之道只适合于专制时代，"施于今日之社会为不适于生存，任诸自然之淘汰，其势力迟早必归于消灭"。这就导致他们对孔学和封建礼教在历史上的实际作用以及在现实生活中仍然存在的条件缺乏深刻的分析。尽管他们也揭露孔子之道是"历代帝王专制之护符"，然而由于这种揭露缺乏社会经济和社会政治方面的充分论证，不免失之肤浅；同时也使他们对封建传统文化进行斗争的艰巨性和长期性缺乏足够的思想准备。

五四运动后，新文化运动的阵营发生了分化，一部分仍然坚持资产阶级民主主义立场，并继续与封建传统文化进行斗争。然而他们思想武器的局限性也越来越明显地表现出来。

20世纪20年代初，又发生了一场有关中西文化的论战。论战以梁启超发表他的访欧观感《欧游心影录》为起点。梁启超认为，欧洲人由于过分相信"科学万能"，致使"内部生活随而动摇"，西方文化已经破产了，因而只有以中国固有文化为主体造出一种新的文化去拯救西方破产了的"物质文明"。梁启超作为近代著名的启蒙思想家，面对西方资本主义制度的各种顽症而无法用近代启蒙思想来加以分析批判，只得从积极主张学习西方文化倒退到主张保持发扬中国固有文化，这本身就反映了近代资产阶级启蒙思想的局限。接着，梁漱溟发表了《东西文化及其哲学》一书。他认为欧洲文化已经弊端百出而无法自救。因此，他断言，人类文化要发生"由西洋态度变为中国态度"的"根本改革"，全世界都要走"中国的路，孔家的路"，未来文化就是"中国文化之复兴"。这本书出版后，马上受到反对新文化运动的守旧派的响应。一时间，西方"物质文明破产"论和"科学破产"论，"东方固有文化优越论"，以孔子思想为"正宗"建立"合理的人性"等复古论调甚嚣尘上，大有全盘否定新文化运动之势。

针对这种文化思想逆流，胡适、吴稚晖、常乃悳等资产阶级代表人物仍坚持民主和科学的立场，对封建复古论调进行了批判。他们认为欧洲文化比中国文

化先进，欧洲的科学化和民主化的道路是中国求得
"生存自立"的必由之路。中国只有急起直追赶上西
方，才有"生存自立"的机会。然而，由于其资产阶
级立场的限制，他们不愿也不敢正视资本主义文明确
已陷入危机的事实。在帝国主义的本质已经暴露，社
会主义革命已经兴起，中国已不可能再走资本主义道
路的历史条件下，他们仍把美国式的民主奉为神明，
为资本主义社会制度辩护。这就使他们既不能科学地
分析中西文化对立的实质，也不能彻底击退守旧派的
复古论调，保卫新文化运动的成果。以后在第二次国
内革命战争时期和抗日战争时期，针对国民党御用教
授的"中国本位文化论"，冯友兰的"中国传统道德不
变论"，贺麟的"中国三纲五伦不可毁坏"论等复古的
论调，胡适、陈序经等又进行驳斥。他们认为"欧洲
近代文化的确比我们进步得多"，认为中国固有文化中
许多东西"究竟都是使我们抬不起头的文物制度"。因
此，胡适说："中国几千年之久的固有文化，是不足迷
恋的，是不能引起我们向上的。"甚至在伦理道德方面
中国也不如西方，因为中国传统伦理道德"只是一些
空名词而已"。他们反对把民族自信心建筑在中国固有
文化丰富和中国道德优胜于西方道德的基础上，陈序
经主张"不要怕丧失我们自己的民族文化"，要敢于
"死心塌地地学习人家的长处"，"要彻底的打破中国的
传统思想的垄断，而给个性以尽量发展其所能的机
会"。胡适认为，要认识到"只有自由可以解放我们民
族的精神，只有民主政治可以团结全民族的力量来解

决全民族的困难，只有自由民主可以给我们培养成一个有人味的文明社会"。这些言论无疑坚持了资产阶级的民主自由，对封建复古思想是一种积极的批判。然而由于他们所依据的仍是资产阶级主观唯心主义的文化观，因而不可能真正科学地分析中西文化的优劣，不可避免地导致"民族文化虚无"论和"全盘西化"论，最终走向用西方资产阶级"自由民主"来攻击反对社会主义和新民主主义文化的歧途。

五四运动以后的历史证明，资产阶级启蒙运动所使用的思想武器已经不再适应时代的要求了。用新的思想武器来指导思想文化启蒙已经成为历史的必然。

❷ 中国近代启蒙运动中
马克思主义的传入

实际上，在中国近代启蒙思想家运用西方资产阶级民主主义思想武器进行启蒙运动的同时，一种新的思想武器也悄悄地传入中国，并对中国近代资产阶级启蒙运动产生了不可忽视的影响。这就是马克思主义。可以说，近代中国启蒙运动不仅为马克思主义在中国传播提供了必要的思想基础，而且，马克思主义在中国的初期介绍以及它在中国思想界所发生的深刻影响，已成为近代中国启蒙运动不可缺少的有机组成部分。

早在19世纪70年代，早期维新思想刚刚产生，中国人就已经开始零星地了解到国际共产主义运动的一些情况。1871年，巴黎公社革命爆发，中国人就通过刚从欧洲游历归来的王韬等人在《华字日报》、《中外新报》上发表的一些文章以及张德彝的《随使法国记》中了解到这一无产阶级伟大斗争的一些情况。此后，江南制造局于 70 年代初到 80 年代初编印的《西国近事汇编》中也经常出现介绍西方国家工人阶级进行罢工斗争和各国社会主义政党活动情况的报道，并出现了"康密尼党"（共产主义党的音译）、"莎舍尔德玛噶里"（社会民主党的音译）、"廓密尼士"（共产主义的音译）等西方无产阶级政党的名称。

1898 年，由英国传教士李提摩太委托胡贻谷翻译了英国人柯卡普所著的《社会主义史》，由基督教在上海的出版机构广学会以《泰西民法史》的书名出版。该书原译本目前无法看到，但从以后的译本中可以窥见前者的主要内容。该书指出："马克思是社会主义史中最著名和最有势力的人物，他及他同心的朋友昂格思（即恩格斯——引者注）都被大家承认为'科学的和革命的'社会主义派的首领。这一派在文明各国中都有代表，而大家对于这一派认为社会主义中最可怕的新派。"书中还介绍了马克思的生平及其学说，对辩证唯物主义与历史唯物主义、科学社会主义、政治经济学各部分都作了详尽的评述和介绍。因此，《泰西民法史》是近代中国最早提到马克思和马克思主义的出版物，它标志着马克思学说开始传入中国。

1899 年 2 月和 4 月，由李提摩太节译，蔡尔康撰文在广学会的机关报《万国公报》第 121 卷至 124 卷上发表《大同学》一文。该文第一章提到："其以百工领袖著名者，英人马克思也。马克思之言曰：纠股办事之人，其权笼罩五洲，实过于君相之范围一国。吾侪若不早为之所，任其蔓延日广，诚恐遍地球之财币，必将尽入其手。"第三章提到："试稽近代学派，有讲求安民新学之一家，如德国之马克思，主于资本者也"，"德国讲求养民学者，有名人焉。一曰马克思，一曰恩格思"。这些也是最早向中国人介绍马克思及其学说的文字。

20世纪初年，流亡海外的资产阶级改良派、革命党人以及留学生在创办刊物进行启蒙思想宣传的过程中也向国人介绍马克思主义。1902年，梁启超在《新民丛报》上发表的《进化论革命者颉德之学说》中提到了马克思："麦喀士，日耳曼人，社会主义之泰斗也。"1903年，他又在《二十世纪之巨灵托拉斯》中提到："麦喀士，社会主义之鼻祖，德国人，著述甚多。"然而，梁启超对马克思的社会主义采取了歪曲和敌视的态度，这就决定了他不可能客观和深入地介绍马克思主义。

与梁启超等资产阶级维新派人士不同，资产阶级革命派在对马克思主义的初期介绍方面，则是抱着比较真诚的态度。1903年，马君武在《译书汇编》上发表了《社会主义与进化论比较》一文，他指出："马克司者，以唯物论解历史学之人也。马氏尝谓阶级竞争为历史之钥。"在文末，他还提到了一些马克思主义的重要著作，如《英国工人阶级状况》、《哲学的贫困》、《共产党宣言》、《政治经济学批判》和《资本论》。

1905 年，朱执信在《民报》第 2 号上发表《德意志社会革命家小传》，介绍了马克思、恩格斯的生平及其学说。他概略地介绍了《共产党宣言》和《资本论》的要点，摘译了《共产党宣言》的十大纲领。尤其值得提出的是，他明确指出了马克思主义与空想社会主义的不同，认为在马克思以前空想社会主义者就对资本主义进行了批判，但都没有揭露资本主义制度的要害，也不能指出废除资本主义制度的道路，因此，"空言无所裨"，是一种乌托邦空想，而马克思写作的《共产党宣言》则与空想社会主义不同。因此，《共产党宣言》是马克思的最大"事功"。这是中国先进分子第一次对马克思和恩格斯的生平及其学说进行比较详尽的介绍。

此后，《民报》第 4 号发表《欧洲社会革命运动之种类及评论》，第 5 号发表犟斋（宋教仁）的《万国社会党大会略史》，第 7 号发表渊实（廖仲恺）所译《社会主义史大纲》、梦蝶生（叶夏声）的《无政府党与革命党之说明》。这些文章和译作分别介绍了马克思主义与无政府主义等社会主义流派的区别及其斗争，第二国际历次会议情况等。与此同时，一些日本学者论述马克思主义的书籍如《近世社会主义》、《社会主义》、《社会党》、《社会改良论》、《社会主义精髓》等都被译成中文传入中国。

中国近代启蒙运动中对马克思主义进行初期介绍的都是一些资产阶级、小资产阶级知识分子。由于其阶级和时代的局限性，他们的介绍和宣传当然不可能是系统的，准确的，甚至还有许多歪曲的地方。但是，即使是这些既不系统，又不准确的介绍，也对中国近代启蒙思想产生了一定的影响。这主要表现在：①它使中国近代启蒙思想家在宣传资产阶级民主主义的同时，又对资本主义经济制度和政治制度的种种弊端进行了激烈的揭露和批判，并提出了一些被称之为"社会主义"的救世方案。如康有为在《大同书》中对资本主义的批判和提出了大同社会理想；孙中山等革命派对资产阶级民主制度虚伪性的批判和"直接民权"思想，"五权宪法"思想。这些都使他们的启蒙思想明显不同于他们的西方先驱的思想。②中国近代启蒙思想家比较早地开始注意社会经济制度变革的决定作用。在他们当中有一部分人如章太炎、朱执信等已经有了初步的阶级和阶级斗争观点。有些甚至自觉或不自觉地开始结合人们的社会经济地位的不同，来考察人们的道德、精神以及对于革命态度的不同。这种中国近代启蒙思想的早熟性，固然是世界形势和中国社会现实所决定，但也不能排除社会主义学说初期介绍所起的催化作用。③对马克思主义初期介绍还使中国近代资产阶级、小资产阶级革命者对国际社会主义运动给予了极大的关注和同情。孙中山曾要求加入第二国际，中国革命者在东京与日本早期社会主义者幸德秋水、堺利彦、山川均等人的密切交往，都反映出社会主义思想对他们的影响。

1903 年 2 月的《政艺通报》曾发表题为《论社会主义》的文章，它开头就写道："于二十世纪之天地，欧罗巴之中心，忽发露一光明奇伟之新主义焉，则社会主义是也。其主义于现今世界，方如春花之含苞，嫣然欲吐。"文章说明了 20 世纪初年的中国已经开始重视马克思主义的价值。而五四运动前后，马克思主义在中国的广泛传播，则证实了文章作者对社会主义未来命运的预测之一："其将为大地所欢迎，而千红万紫团簇全球乎！"

8 五四运动前后马克思主义
在中国的广泛传播

马克思主义作为一种社会思潮，在中国广泛传播是在俄国十月革命以后到五四运动的前后。

李大钊是中国第一个马克思主义的积极传播者。十月革命后，他以极大的热情注视着俄国革命的发展，并开始认真学习和研究马克思主义。1918 年 7 月他发表《法俄革命之比较观》一文，论述了俄国十月社会主义革命和法国资产阶级革命的区别，并热情讴歌了十月革命的伟大历史意义。他指出：俄罗斯之革命是 20 世纪初期之革命，是立于社会主义上之"革命"，他表示了对十月革命导致俄国和世界进入新时代的急切期盼："吾人对于俄罗斯今日之事变，惟有翘首以迎其世界新文明之曙光，倾耳以迎其建于自由、人道之上新俄罗斯之消息。"同年 11 月，他又发表了著名的《庶民的胜利》和《布尔什维主义的胜利》两篇文章，进一步歌颂了十月革命的胜利，指出马克思主义必将在全世界取得胜利："由今以后，到处所见的都是

Bolshevism 战胜的旗帜。到处所闻的，都是 Bolshevism 的凯歌声。人道的警钟响了！自由的曙光现了！试看将来的环球，必是赤旗的世界！"这些都表明，李大钊已经开始从激进民主主义者向共产主义者的转化。

与此同时，李大钊还组织了"马克思主义研究会"，团结一些进步知识分子，学习、研究马克思主义。在他的影响或主持下，《每周评论》、《晨报副刊》和《新青年》等刊物都发表了一些介绍马克思主义的文章，马克思、恩格斯著作的节译，或者开辟了马克思主义研究专栏，编辑了马克思主义研究专号。通过这些报刊的介绍和宣传，马克思主义开始在中国系统地广泛地传播。

五四运动更进一步促进了马克思主义在中国的迅速传播。1919 年 5 月，李大钊发表了《我的马克思主义观》一文，对马克思主义的三个组成部分——唯物史观、政治经济学和科学社会主义进行了较系统的介绍，并指出，这三部分"都有不可分割的关系，而阶级竞争说恰如一条金线，把这三大原理从根本上联络起来"。在这前后，他在《新青年》、《每周评论》、《新潮》等刊物上还发表了《阶级竞争与互助》、《再论问题与主义》、《物质变动与道德变动》、《由经济上解释近代思想变动的原因》、《唯物史观在现代史学上的价值》、《中国的社会主义与世界的资本主义》等一系列文章，积极地介绍马克思主义的基本原理特别是唯物史观。他还在北京大学等高校开设了《唯物史观》、《社会主义与社会运动》、《社会主义的将来》等课程，利用讲坛向青年学生宣传马克思主义。他的这些活动都促进了马克思主义的广泛传播。

另一个从激进民主主义者向共产主义者转变，并积极介绍宣传马克思主义的先进知识分子是陈独秀。陈独秀在五四运动后开始抛弃对西方帝国主义的幻想并怀疑资本主义制度。他宣布："我们相信世界上的军国主义和金力主义，已经造了无穷罪恶，现在是应该抛弃了。"他还称赞俄国十月革命是"人类社会变动和进化的大关键"。到 1920 年，他先后发表了《马尔萨斯人口论与中国人口问题》、《劳动者的觉悟》、《上海厚生纱厂的湖南女工问题》、《谈政治》等一系列文章，阐述了马克思主义关于劳动人民创造世界、剩余价值理论、阶级斗争和无产阶级专政学说。这使他很快成为一个有着巨大影响的马克思主义宣传者。

除李大钊和陈独秀外，毛泽东、周恩来、蔡和森、李达、邓中夏、杨匏安、恽代英、瞿秋白、陈望道等人也在五四运动后相继接受了马克思主义。他们或主办宣传马克思主义的刊物，或翻译马克思主义的著作，或创立学习研究马克思主义的团体，为马克思主义的广泛传播作出了重要贡献。

在马克思主义的广泛传播过程中，遭到了各种非马克思主义和反马克思主义思想的激烈反对，从而发生了马克思主义和资产阶级改良主义、假社会主义以及无政府主义的三次论战。

1919 年 7 月，胡适发表了《多研究些问题，少谈些主义》的文章。他认为"空谈好听的'主义'是极容易的事，但不能解决实际问题"，他主张"多多研究这个问题如何解决，那个问题如何解决，不要高谈这种主义如何新奇，那种主义如何奥妙"。胡适的真实意图是要以资产阶级的改良主义来反对、阻挠马克思主义的传播。以李大钊为首的共产主义者对胡适的观点进行了驳斥，从而开始了问题和主义之争。李大钊写了《再论问题与主义》一文。他指出，"问题"和"主义"是不可分离的，解决"问题"离不开"主义"，"因为一个社会问题的解决，必须依靠着社会上多数人共同的运动"，这就必须使"社会上多数人""先有一个共同趋向的理想、主义"，因此，"我们的社会运动，一方面固然要研究实际的问题，一方面也要宣传理想的主义"。他还认为，社会问题"必须有一个根本解决，才有把一个一个的具体问题都解决的希望"，而根据马克思主义唯物史观，"经济问题的解决，是根本解决"，而经济问题的解决，"必须用马克思的阶级竞争说这个学理作工具"，才能实现。他公开声明："我是喜欢谈谈布尔什维主义的"，"布尔什维主义的流行，实在是世界文化上的一大变动"。

问题和主义之争很快扩展到整个新文化阵营。这场论战使新文化阵营进一步分化。一方面，马克思主义的传播日益广泛和深入，共产主义者的队伍不断扩大；另一方面，资产阶级改良主义者也越来越脱离群众运动和政治斗争，形成了一个反马克思主义的思想派别。

接着，1920 年下半年，张东荪、梁启超等改良主义者又以研究社会主义为名，大力宣传资产阶级改良主义，反对在中国实行社会主义。马克思主义者对他们的论调进行了谴责和反驳，从而形成了关于社会主义的争论。在这场论战中，马克思主义者对资本主义制度的不合理性和社会主义的优越性进行了分析，肯定了中国社会发展的方向是社会主义，强调只有通过社会革命才能改造中国，"用大速度增加全部生产力"。这场论战划清了社会主义与资本主义的界限，进一步推动了马克思主义的广泛传播。

与此同时，马克思主义者又针对黄文山、区声白等人的无政府主义观点进行了批判，从而开展了马克思主义和无政府主义的论战。无政府主义抽象地反对一切国家，一切强权，攻击马克思主义关于无产阶级专政的学说。他们从极端个人主义出发，主张个人绝对自由，反对一切组织纪律和集中统一的领导。针对这些论调，马克思主义者从理论上分析了无产阶级专政与资产阶级统治的区别，阐明了"个人自由"与"社会自由"，"个人自由"与组织纪律、集中统一领导的关系。他们正确指出，任何个人不能离开社会环境而孤立生活。因此，只有社会自由，才有个人的自由，离开社会自由的个人"绝对自由"是根本不存在的。通过这场论战使广大知识分子认清了马克思主义与无政府主义的区别，并纯洁了共产主义者的队伍，为在中国建立真正的马克思主义政党创造了条件。

总之，经过上述三次思想大论战，马克思主义在中国的阵地得到了巩固和扩大，推动了中国共产党的成立。从此，马克思主义在中国新文化运动中占据了主导地位，资产阶级的思想启蒙已经让位于马克思主义的思想启蒙。

4 马克思主义者对封建传统思想文化的批判

五四运动后，马克思主义者对资产阶级改良主义进行了批判，也对近代资产阶级启蒙运动思想武器的缺陷和弱点进行了分析。然而，这并不意味着马克思主义者完全否认或抛弃了自由、平等、人权等思想启蒙的原则。马克思主义从来没有一般地否定自由、平等、人权的原则，而只是否定了资产阶级虚伪的自由、平等、人权，以及那种"用头立地"的方式追求自由、平等、人权的空想。同样，中国的马克思主义者也没有将自由、平等、人权等原则完全归于资产阶级的专利而一概否定，相反，他们在反对资产阶级改良主义的同时，仍然坚持了自由、平等、人权的原则。特别是在他们对中国社会的封建性有了正确的认识后，更是喊出了"持续新文化运动时期（五四）之可宝贵的遗产"的口号，用民主和科学的武器对封建思想文化进行了激烈的批判。

当五四运动后，东方文化派对新文化运动进行全面否定，并掀起复古思想文化逆流时，马克思主义者以瞿秋白为代表对这一逆流进行了批驳。瞿秋白在《东方文化与世界革命》一文中指出，东方文化派"所

165

心爱的东方文化"只不过是宗法社会之"自然经济"、"畸形的封建制度之政治形式"、"殖民地式的国际地位"相结合的封建主义旧文化。这种文化"已不能适应经济的发达",成为东方民族社会进步的障碍。同时,他也揭露西方资产阶级文化已经丧失了民主和科学的精神而成为"资产阶级的独裁制,为人类文化进步之巨魔"。他坚持了民主和科学的原则,指出了东方民族发展新文化的道路:"宗法社会、封建制度及帝国主义颠覆之后,方能真正保障东方民族之文化的发展。"他认为,在私有制废除,阶级被消灭后,"科学愈发明,则体力劳苦的工作愈可减少,全社会的福利愈可增进;物质文明愈发达,经济生活愈集中,则精神文明愈舒畅,文化生活愈自由……那时才有真正的道德可言,不但各民族的文化自由发展,而且各个人的个性亦可以自由发展"。在这段话里,我们可以看出中国早期马克思主义者对"民主"(个性自由发展)和"科学"仍怀有热切的期望。

以后面对着国民党反动派的"文化围剿"和"尊孔祀圣"逆流,马克思主义的理论工作者,如胡绳、杜国庠、鲁迅、茅盾、瞿秋白等都对此进行了深刻的揭露和激烈的批判。尤其是鲁迅对国民党反动派的法西斯主义思想文化进行了无情的、深刻的揭露。他认为国民党反动派鼓吹"尊孔"和保持"中国固有文化""意思其实很明白,是要小百姓埋头治心,多读修身教科书。这固有文化本来毫无疑义:是岳飞式的奉旨不抵抗的忠,是听命国联爷爷的孝,是斫猪头,吃猪肉，而又远庖厨的仁爱，是遵守卖身契约的信义，是'诱敌深入'的和平"。他还对国民党反动派的愚民政策进行了深刻的揭露。他指出在国民党反动派看来老百姓不能"智识太多了"，因为老百姓掌握了智识，"不是心活，就是心软"，都不利于他们的统治，"所以智识非铲除不可"，而且单是铲除还不够，还要辅之以"命理学——要乐天知命"和"识相学——要识相点"的教育，其目的都是为了维护他们对劳动人民的法西斯统治。他还愤怒地谴责国民党反动派在"王道"、"仁政"幌子下，对劳动人民的"屠戮、奴隶、敲掠、刑辱、压迫"，这种"王道仁政"只不过是"人肉酱缸上的金盖，鬼脸上的雪花膏"。

鲁迅在接受了马克思主义后仍然坚持"改造国民性"的主张。他认为要摧毁像"铁屋子"一样的旧中国和"根深蒂固"的所谓旧文明，不造成大批"勇敢而明白的斗士"是绝对办不到的。他反对那种"只是唱着所是，颂着所爱，而不管所非和所憎"的处世哲学。因此，他满怀"哀其不幸，怒其不争"的心情，揭露了中国国民身上表现出来的种种奴性，如自轻自贱，欺软怕硬，安分守己，逆来顺受。他谴责中国国民"对一切事无不驯良"，认为这"决不是美德，也许简直倒是没出息"，主张"即使失败，也要反抗"。他还对中国国民的不认真、盲从、虚假、利己、自欺等劣根性进行了针砭，认为这些劣根性是阻碍中国向前发展的因素。他反对只讲中国人优点而不指出其劣根性的观点，认为这样，"不但会滋长中国人自负的根性，还要使革命后退"。他希望广大国民要经常"自省，分析"、"变革，扎挣，自做工夫却不求别人的原谅和称赞，来证明究竟怎样的是中国人"。在批判国民劣根性的同时，他更进一步丰富了他早期所探求的"理想的人性"的思想，比较多地肯定了人民群众的优良品德。他说："我们从古以来，就有埋头苦干的人，有拼命硬干的人，有为民请命的人，有舍身求法的人"，这些人"就是中国的脊梁"。他还对中国共产党人为代表的革命志士的优良品质加以赞赏，指出"那切切实实，足踏在地上，为着现在中国人的生存而流血奋斗者，我得引为同志，是自以为光荣的"。这些都体现了鲁迅对新文化运动启蒙思潮的继承和超越。

毛泽东为首的中国共产党人以马克思主义的理论为指导，对中国近代启蒙思想文化进行了分析和总结，提出了"中华民族新文化"，也就是"新民主主义文化"的概念。

毛泽东将新民主主义的文化概括为"民族的科学的大众的文化，就是人民大众反帝反封建的文化"。所谓"民族的"文化就是说"它是反对帝国主义压迫，主张中华民族的尊严和独立的。它是我们这个民族的，带有我们民族的特征"；所谓"科学的"文化就是说"它是反对一切封建思想和迷信思想，主张实事求是，主张客观真理，主张理论和实践相一致的"；所谓"大众的"文化，也就是"民主的"文化，就是说"它应为全民族中百分之九十以上的工农劳苦民众服务的，并逐渐成为他们的文化"。周恩来后来在《人民政协共同纲领草案的特点》中将这些归纳为"民族的形式，科学的内容，大众的方向"。这样，中国共产党批判继承了新文化运动"民主"和"科学"的口号来设计新民主主义的文化。而这种新文化又不同于五四运动以前的资产阶级新文化。这不仅表现在它具有了民族的形式，而且它的民主与科学的内容也大大发生了变化。可以认为，这种新民主主义文化的形成，正是对近代百余年启蒙思想文化合乎逻辑的历史总结。

参考书目

1. 侯外庐著《中国近代启蒙思想史》，人民出版社，1993。

2. 龚书铎著《中国近代文化探索》，北京师范大学出版社，1988。

3. 吴熙钊著《中国近代道德启蒙》，吉林文史出版社，1990。

4. 李泽厚著《中国近代思想史论》，人民出版社，1979。

5. 李泽厚著《中国现代思想史论》，东方出版社，1987。

6. 张锡勤、饶良伦、杨忠文著《中国近现代伦理思想史》，黑龙江人民出版社，1984。

7. 曾乐山著《中西文化和哲学争论史》，华东师范大学出版社，1987。

8. 钟叔河著《走向世界——近代知识分子考察西方的历史》，中华书局，1985。

9. 李华兴著《中国近代思想史》，浙江人民出版社，1988。

10. 吴剑杰著《中国近代思潮及其演进》，武汉大学出版社，1989。

《中国史话》总目录

171

系列名	序号	书名	作者	
物化历史系列（28种）	30	石器史话	李宗山	
	31	石刻史话	赵超	
	32	古玉史话	卢兆荫	
	33	青铜器史话	曹淑芹	殷玮璋
	34	简牍史话	王子今	赵宠亮
	35	陶瓷史话	谢端琚	马文宽
	36	玻璃器史话	安家瑶	
	37	家具史话	李宗山	
	38	文房四宝史话	李雪梅	安久亮
制度、名物与史事沿革系列（20种）	39	中国早期国家史话	王和	
	40	中华民族史话	陈琳国	陈群
	41	官制史话	谢保成	
	42	宰相史话	刘晖春	
	43	监察史话	王正	
	44	科举史话	李尚英	
	45	状元史话	宋元强	
	46	学校史话	樊克政	
	47	书院史话	樊克政	
	48	赋役制度史话	徐东升	
	49	军制史话	刘昭祥	王晓卫
	50	兵器史话	杨毅	杨泓
	51	名战史话	黄朴民	
	52	屯田史话	张印栋	
	53	商业史话	吴慧	
	54	货币史话	刘精诚	李祖德
	55	宫廷政治史话	任士英	
	56	变法史话	王子今	
	57	和亲史话	宋超	
	58	海疆开发史话	安京	

系列名	序号	书　名	作　者
交通与交流系列（13种）	59	丝绸之路史话	孟凡人
	60	海上丝路史话	杜　瑜
	61	漕运史话	江太新　苏金玉
	62	驿道史话	王子今
	63	旅行史话	黄石林
	64	航海史话	王　杰　李宝民　王　莉
	65	交通工具史话	郑若葵
	66	中西交流史话	张国刚
	67	满汉文化交流史话	定宜庄
	68	汉藏文化交流史话	刘　忠
	69	蒙藏文化交流史话	丁守璞　杨恩洪
	70	中日文化交流史话	冯佐哲
	71	中国阿拉伯文化交流史话	宋　岘
思想学术系列（21种）	72	文明起源史话	杜金鹏　焦天龙
	73	汉字史话	郭小武
	74	天文学史话	冯　时
	75	地理学史话	杜　瑜
	76	儒家史话	孙开泰
	77	法家史话	孙开泰
	78	兵家史话	王晓卫
	79	玄学史话	张齐明
	80	道教史话	王　卡
	81	佛教史话	魏道儒
	82	中国基督教史话	王美秀
	83	民间信仰史话	侯　杰
	84	训诂学史话	周信炎
	85	帛书史话	陈松长
	86	四书五经史话	黄鸿春

系列名	序号	书 名	作 者	
思想学术系列（21种）	87	史学史话	谢保成	
	88	哲学史话	谷 方	
	89	方志史话	卫家雄	
	90	考古学史话	朱乃诚	
	91	物理学史话	王 冰	
	92	地图史话	朱玲玲	
文学艺术系列（8种）	93	书法史话	朱守道	
	94	绘画史话	李福顺	
	95	诗歌史话	陶文鹏	
	96	散文史话	郑永晓	
	97	音韵史话	张惠英	
	98	戏曲史话	王卫民	
	99	小说史话	周中明	吴家荣
	100	杂技史话	崔乐泉	
社会风俗系列（13种）	101	宗族史话	冯尔康	阎爱民
	102	家庭史话	张国刚	
	103	婚姻史话	张 涛	项永琴
	104	礼俗史话	王贵民	
	105	节俗史话	韩养民	郭兴文
	106	饮食史话	王仁湘	
	107	饮茶史话	王仁湘	杨焕新
	108	饮酒史话	袁立泽	
	109	服饰史话	赵连赏	
	110	体育史话	崔乐泉	
	111	养生史话	罗时铭	
	112	收藏史话	李雪梅	
	113	丧葬史话	张捷夫	

系列名	序号	书名	作者
近代政治史系列（28种）	114	鸦片战争史话	朱谐汉
	115	太平天国史话	张远鹏
	116	洋务运动史话	丁贤俊
	117	甲午战争史话	寇伟
	118	戊戌维新运动史话	刘悦斌
	119	义和团史话	卞修跃
	120	辛亥革命史话	张海鹏　邓红洲
	121	五四运动史话	常丕军
	122	北洋政府史话	潘荣　魏又行
	123	国民政府史话	郑则民
	124	十年内战史话	贾维
	125	中华苏维埃史话	杨丽琼　刘强
	126	西安事变史话	李义彬
	127	抗日战争史话	荣维木
	128	陕甘宁边区政府史话	刘东社　刘全娥
	129	解放战争史话	朱宗震　汪朝光
	130	革命根据地史话	马洪武　王明生
	131	中国人民解放军史话	荣维木
	132	宪政史话	徐辉琪　付建成
	133	工人运动史话	唐玉良　高爱娣
	134	农民运动史话	方之光　龚云
	135	青年运动史话	郭贵儒
	136	妇女运动史话	刘红　刘光永
	137	土地改革史话	董志凯　陈廷煊
	138	买办史话	潘君祥　顾柏荣
	139	四大家族史话	江绍贞
	140	汪伪政权史话	闻少华
	141	伪满洲国史话	齐福霖

系列名	序号	书 名	作 者
近代经济生活系列（17种）	142	人口史话	姜 涛
	143	禁烟史话	王宏斌
	144	海关史话	陈霞飞 蔡渭洲
	145	铁路史话	龚 云
	146	矿业史话	纪 辛
	147	航运史话	张后铨
	148	邮政史话	修晓波
	149	金融史话	陈争平
	150	通货膨胀史话	郑起东
	151	外债史话	陈争平
	152	商会史话	虞和平
	153	农业改进史话	章 楷
	154	民族工业发展史话	徐建生
	155	灾荒史话	刘仰东 夏明方
	156	流民史话	池子华
	157	秘密社会史话	刘才赋
	158	旗人史话	刘小萌
近代中外关系系列（13种）	159	西洋器物传入中国史话	隋元芬
	160	中外不平等条约史话	李育民
	161	开埠史话	杜 语
	162	教案史话	夏春涛
	163	中英关系史话	孙 庆
	164	中法关系史话	葛夫平
	165	中德关系史话	杜继东
	166	中日关系史话	王建朗
	167	中美关系史话	陶文钊
	168	中俄关系史话	薛衔天
	169	中苏关系史话	黄纪莲
	170	华侨史话	陈 民 任贵祥
	171	华工史话	董丛林

系列名	序 号	书 名	作 者
近代精神文化系列（18种）	172	政治思想史话	朱志敏
	173	伦理道德史话	马 勇
	174	启蒙思潮史话	彭平一
	175	三民主义史话	贺 渊
	176	社会主义思潮史话	张 武　张艳国　喻承久
	177	无政府主义思潮史话	汤庭芬
	178	教育史话	朱从兵
	179	大学史话	金以林
	180	留学史话	刘志强　张学继
	181	法制史话	李 力
	182	报刊史话	李仲明
	183	出版史话	刘俐娜
	184	科学技术史话	姜 超
	185	翻译史话	王晓丹
	186	美术史话	龚产兴
	187	音乐史话	梁茂春
	188	电影史话	孙立峰
	189	话剧史话	梁淑安
近代区域文化系列（11种）	190	北京史话	果鸿孝
	191	上海史话	马学强　宋钻友
	192	天津史话	罗澍伟
	193	广州史话	张 苹　张 磊
	194	武汉史话	皮明庥　郑自来
	195	重庆史话	隗瀛涛　沈松平
	196	新疆史话	王建民
	197	西藏史话	徐志民
	198	香港史话	刘蜀永
	199	澳门史话	邓开颂　陆晓敏　杨仁飞
	200	台湾史话	程朝云

《中国史话》主要编辑
出版发行人

总 策 划　谢寿光　　王　正

执行策划　杨　群　　徐思彦　　宋月华

　　　　　　梁艳玲　　刘晖春　　张国春

统　　筹　黄　丹　　宋淑洁

设计总监　孙元明

市场推广　蔡继辉　　刘德顺　　李丽丽

责任印制　岳　阳